なんとかする力 ＝ プロジェクトマネジメントを学ぶ

変化に対応して目標を達成するためのビジネススキル

小林 守 著

同文舘出版

はしがき

　グローバル化やIT技術の飛躍的な進展で「地球は狭くなった」といわれてから久しくなっています。移動距離が短縮され，コミュニケーションが瞬時にできる世の中になったということを意味しています。しかし，地球が狭くなったという地理的な現象よりも私たちを驚かせるのは取り巻く環境の変化の速さとそのすさまじい規模です。毎日のニュースで前日の私たちが予想していた以上の変化を今日の私たちに伝えてくれますが，それに対する私たちの感覚も慣れて鈍くなっていると感じているのは筆者だけでしょうか。現代は，もはや昨日の延長線上で明日を考えられなくなっている時代といってもよいでしょう。

　このような変化に富む不安定な時代に対峙していくためには私たちも変化する必要があります。組織であれ，個人であれ変化に対応できなければ衰亡していくことは歴史の物語るところでありますし，直感的にも疑いのないことではないでしょうか。組織や個人において変化に負けないような自己変革を起こす取り組みがプロジェクトです。そしてその自己変革という成果を期限や予算の中で達成することが必要です。

　従来，使命感と統率力のあるリーダー（プロジェクトマネジャー）が任命されれば，能力のあるメンバーがそのリーダーのもとに力を結集してプロジェクトを成功裏に成し遂げるといったイメージでした。要するに人間力の問題に帰着して語られていたのです。いうまでもなく，人間力はもちろん重要ですが，現実には，日々プロジェクトを予定通り進めていくために適切な知識とテクニックが必要です。むしろ，そのような知識やテクニックを学ぶことによって，プロジェクトマネジャーとしての考え方や振る舞いを意識し，そうした意識をもってプロジェクト経験を重ねることによって人間力をつけていくと表現したほうが実態に合っています。

　本書は社会に出る前の大学生を対象にプロジェクトをマネジメントするための基礎となる知識体系を学んでいただくための基本書としてまとめたもの

です。日本ではプロジェクトマネジメントはIT業界の知識と思われがちですが，決してそうではありません。世界ではビジネスや生活において「自己変革を起こそう」とするあらゆる場面では必要な知識と位置付けられています。

　本書ではプロジェクトを進めていく過程のそれぞれの段階でどのような基礎的知識が必要となるか，そしてその過程でどのような問題が起こり，それを解決するためにはどのようなポイントを押さえればよいのかについて書かれています。読者の皆さんは各章で個々の知識やテクニックを学びつつ，その合間に事例（ケーススタディ）での課題を考えていただきたいと思います。そうすることで，プロジェクトマネジメントの基礎を理解し，そして活用のイメージをもつことができるようになることを意図しています。プロジェクトマネジメントに含まれる知識は大学の経営学部・商学部の他の科目で習う知識も含まれており，その復習にもなります。むしろ，各科目の知識をプロジェクトマネジメントの学びを通じて有機的に深める機会になるのではないかと思います。

　今，世界は長引く「新型コロナウイルスによるパンデミック」で問題が山積です。組織としても個人としても想定外の厳しい問題に直面していますが，そのような問題を解決し，むしろ発展の契機とすることが待望されています。苦しい局面においても何とかして成果を出すための知識としてプロジェクトマネジメントの知識とテクニックを活用していただきたいと思います。ところどころにプロジェクトマネジメントの知識に関連する事象をコラムとして挿入しています。国内プロジェクトではなく海外プロジェクトに関連した内容を盛り込みました。海外出張にも旅行にも行けない昨今ですので，楽しみながら読んでいただければ幸いです。

2021年6月

著者　小林　守

なんとかする力＝プロジェクトマネジメントを学ぶ ◎ 目次

第 Ⅲ 部

プロジェクト利害関係者の協力を引き出す

プロジェクトのパフォーマンスを評価する

プロジェクトスタッフに関わる
実践的課題を考える

第15章　国際化とプロジェクトスタッフの問題とは何か

第 I 部

プロジェクトの進め方を考える

第1章

プロジェクトとは何か

1. プロジェクトとは

　プロジェクトとは1回限りの活動（はじめと終わりがある）により，固有の成果（世の中に2つとない成果）を出すという特徴をもつ業務である。それには一定のプロセスがあり，そのプロセスの過程でそれまで認識されていなかった問題点などを発見し，それを解決することを通じて次第に計画が詳細化（段階的詳細化）されるという特徴をもつ。このほかにプロジェクトの特徴として，限られた予算，限られた期限という点も指摘される場合がある。

　また，「管理活動の対象となるべき事業（企画）をプロジェクトという。経営における管理活動の対象は，普通は長期にわたって繰り返し行われる業務であるのに対照して，プロジェクトは一定期間において完成すべきもので，そのまま同じ形態で繰り返されることがない特定の事業，例えば特定製品の開発，特定の土木工事，建築などを管理対象とする場合に使用される言葉である」と定義されている[1]。

　プロジェクトのマネジメント[2]の目的は組織やビジネスが変化する中で，それに伴って，必要になる課題解決のためのアドホック（一時的）な業務を効果的に行うことにある。すなわち，プロジェクトは様々な変化への対応（改革）として立ち上げられる。改革のための業務あるいはアクションは企業などの組織だけでなく，個人にも必要であり，そのため，プロジェクトマネジメントは応用可能なノウハウであるという意見も増えており，「パーソナル

1　遠藤ほか（1968）。
2　プロジェクトの管理あるいは経営，ちなみに中国語では「項目管理」という言葉が用いられている。

プロジェクトマネジメント」という言葉も生まれている[3]。

　プロジェクトマネジメントは実務界では年々重要視されるようになっている。北米，欧州，日本などでそれぞれ公認の資格が存在し，そのための試験が行われている。この資格は特にIT，建設，調査・コンサルティング，プラントエンジニアリング等の業界で重視されている。プロジェクトマネジメントの資格をそれらの業界が重視する理由はビジネスのグローバル化に伴い，業務の多様性，業務環境の不確実性が進んだためである。環境の変化が速くなることによって短期間で解決しなければならない課題も増え，その成果を計画通り確実に生み出すことが求められる場面が増えたのである。

　また，プロジェクトの内容も複雑化している。国境を越えてプロジェクトが行われることによるコミュニケーションの難度やコントロールの難度の上昇，作業結果が見えにくいITなど情報関連業務の増加，異分野の業界のコラボレーションの増加，業務範囲の拡大，巨額の投資を伴うインフラプロジェクトの増加がある。インフラプロジェクトの場合は長期間にわたり継続して資金回収を求められるため，財務的なコントロールも必要になる。

2. プロジェクトとオペレーションの関係

　ところで，「定型化された仕事を確実に実施する」業務もビジネスには多い。工場内での製造，レストランや小売業におけるサービスの提供，役所における住民サービスなどルール・規定により作業内容や進め方が定常的な業務，いわゆるオペレーション型の業務がそれである。それに比べて，プロジェクト型の業務はその都度，それぞれ異なる目的が設定され，その目的を達成するために固有の成果を定義し，期限を決めて実施する業務であり，非定常的な業務である。オペレーション型の業務を遂行するための組織は定常的に存在していくことが求められるが，プロジェクト型業務を遂行する組織の場合

3　富永（2017）。

は開始時に組成され，終了後は解散となる。

　しかし，世の中の業務をすべてプロジェクトとオペレーションを全くの別物として，完全に区別することができる場合はそう多くはない。例えば，**写**

◆写真1-1◆港湾建設プロジェクト（フィリピンの港湾施設）

（港湾建設はプロジェクトその後の運営はオペレーション）
出所：筆者撮影

◆写真1-2◆工業団地の建設とその後の運営（ベトナムの大規模工業団地）

（工業団地建設はプロジェクト，その後の運営はオペレーション）
出所：筆者撮影

真1-1や**写真1-2**のような港湾や工業団地等の建設事業は設計・建設段階ではプロジェクトだが，その後の運転・保守業務はオペレーションである。両方うまくいかなければ事業としては失敗である。

　また，**写真1-3**のような小売店の運営は一見，オペレーションに見えるが，その前段としての用地買収や店舗の建設があるので，これもプロジェクトからオペレーションに移るものであり，双方が成功して初めて事業として成功したといえる事例である。

◆ 写真1-3 ◆ タイの大型商業施設
（店舗建設はプロジェクトその後の店舗運営はオペレーション）

出所：筆者撮影

　このようにプロジェクトはそれに続くオペレーションが円滑に進むように計画，遂行されるべきものであり，プロジェクトにおいては次の段階としてのオペレーションが問題なく運営されることを考慮して開始され，遂行され，完了されるものなのである[4]。

4　この意味でオペレーション業務を担うものは，プロジェクトによってできた成果物を使用するユーザーであることもある。

3. 本書の狙い

　このような，プロジェクトマネジメントを大学の学部教育で行う場合には
まず基本的な体系を身につけ，その後にプロジェクトにおけるビジネス現場
の様々な問題とそれを解決した事例で応用力をつけることが必要であると考
える。プロジェクトマネジメントの基本的な知識体系は先進国でいくつかの
体系がある。とりわけ，IT系の資格試験に重点を置いたプロジェクトマネ
ジメントの教科書が多い。しかし，プロジェクトマネジメントは本来IT分
野のみならず，幅広い実践分野で応用可能であることを理解してもらいたい。
なお，学習上の混乱を避けるために最も基本的な知識をできるだけ単純にま
とめ，国際的にも広く普及したものを理解してもらうことがよいと筆者は考
える。本書はこのような狙いをもって書かれている。

4. プロジェクトマネジャーの仕事と必要な知識

　プロジェクトのリーダーを一般に「プロジェクトマネジャー」ともいうが，
プロジェクトマネジャーはその時々に変わるメンバーを統率し，その時々に
変わる目標の達成を，限られた時間と予算内に成し遂げることが求められる。
そもそもプロジェクトはその都度，チームが結成されるので，よく知らない
メンバーやステークホルダー（利害関係者）との仕事になる。いうまでもな
く，こうした仕事はコミュニケーションがとりにくく，ストレスが大きい。
また，その都度，異なる目標（成果物）を課せられているので過去の経験値
がそれほど活かせず，不安も大きいものである。それでも時間が十分与えら
れていれば徐々にそのストレスや不安も軽減すると思われるが，大抵の場合，
時間もコストもギリギリであることが多く，そのため結果として，成果物の
品質が目標に達しないということもある。このような状況に陥った場合，そ

　の帰結として待っているのは，スポンサーやプロジェクトオーナーなどという プロジェクト業務を発注した側からの批判，叱責，低評価，ひどい場合は，解任という処分である。部下に提案を命じ，そのできあがりを督促し，提出されたらその中からベストの案を承認することが仕事であるような，いわゆる「管理職」とは全く異なる苦労の多い仕事である。いわゆる「中間管理職」とは全く異なる職種がプロジェクトマネジャーなのである。

　このように「苦労の多い」プロジェクト業務において，プロジェクトマネジャーはどのようにしたら，高いパフォーマンスを上げることができるであろうか。具体的には，様々なステークホルダーからのプレッシャーの中で，プロジェクトマネジャーを最も苦しめる「時間の厳守，コストの計画的使用，要求水準の品質の達成」という三重苦（トリレンマ）をどのようにしのいでいけるのであろうか。これがプロジェクトマネジメントにおける問題提起である。結局のところ，うまくしのぐための技法と経験が必要になる。かつては時間をかけて失敗経験から学び一人前のプロジェクトマネジャーになる，ということしかないと考えられていた。確かに経験も貴重であるが，その経験をなるべく，成功を積み重ねた経験にしていくためには効果的な技法が必要である。それが現代のプロジェクトマネジメントの考えである[5]。

　本書ではまさしくその技法を学ぶことが目的である。現代ではプロジェクトマネジメントに関する技法は米国や欧州で体系化されている。このうち，本書ではデファクトスタンダードになっているといってもよい米国プロジェクトマネジメント協会（PMI®：Project Management Institute）のPMBOK®（Project Management Body of Knowledge）で体系化され，世界的によく知られた技法をベースにしながら，筆者のプロジェクトマネジャーとしての経験に基づく，実践的な問題意識（実践的課題）を読者に考えていただくことにしたい。

　PMI®のプロジェクトマネジメントでは技法を以下の**図表1-1**に示す10の知

5　これをモダンプロジェクトマネジメントと呼ぶこともある。

識分野として体系化している。また，この10の知識分野は，PMI®が主催するPMP®（Project Management Professional）試験でも問われることが多い。このうち，本書では，はじめの第Ⅰ部ではプロジェクトと類似した概念であるフェーズとプログラムを説明したうえで，プロジェクトの進め方である5つのプロセス（プロジェクトマネジメントサイクル）について説明する。

そののち，第Ⅱ部ではPMBOK®が必要な知識として提唱する10の知識体系のうち，まず，プロジェクトマネジメントの目標達成の技法として中核的な知識となる以下の4つの知識群を論ずる。

① スコープマネジメント：プロジェクトのスコープ（作業範囲）管理についての知識群
② コストマネジメント：コスト管理についての知識群
③ タイムマネジメント：スケジュール管理についての知識群
④ 品質マネジメント：品質管理についての知識群

これらを説明した後の第Ⅲ部，第Ⅳ部で残りの6つの知識群を関連付けながら説明する。第Ⅴ部はプロジェクトマネジメントに関連する試験や報告書に頻出するプロジェクトの進捗評価（パフォーマンス評価）の技法について紹介する。パフォーマンス評価にはスケジュールとコストの進捗を評価するEVM（出来高分析）が著名であるが，実践的にはEVMだけでは評価できない実態もあり，それ以外の技法も併せて紹介する。さらには開発援助プロジェクトやインフラプロジェクトで用いられる「プロジェクトとその後のオペレーション」全体のパフォーマンスを評価する「事後評価」（ポストエバリュエーション）についても若干の説明を付すことにする。

◆図表1-1◆ PMBOK®による10のプロジェクト知識分野

① **スコープ（範囲）マネジメント**

　　プロジェクトの作業範囲を確定し，管理するための知識である。特にプロジェクトの「立ち上げ」段階，「計画」段階に重要視される。

② **タイムマネジメント（スケジュールマネジメント）**

　　スコープマネジメントで定めた作業範囲を完成させるために必要な時間を見積もり，管理するための知識である。

③ **コストマネジメント**

　　スコープマネジメントで定めた作業範囲を完成させるために必要な費用を見積もり，管理するための知識である。

④ **品質マネジメント**

　　プロジェクトのスコープが求める要求水準への合致，機能の合致を達成するための管理知識である。

⑤ **人的資源マネジメント**

　　プロジェクトチームを成長させ，より良いパフォーマンスを達成するための管理知識である。

⑥ **コミュニケーションマネジメント**

　　ステークホルダー（利害関係者）間の情報伝達を円滑にし，プロジェクト遂行を円滑にするための管理知識である。

⑦ **リスクマネジメント**

　　プロジェクトにダメージを与えるリスクを認識・把握し，対応策を立案・実行するための知識である。

⑧ **調達マネジメント**

　　プロジェクトチーム内に十分な人的・技術的・設備的資源がない場合に適切なアウトソーシングを行うための管理知識である。

⑨ **ステークホルダーマネジメント**

　　プロジェクトのステークホルダー（利害関係者）を分類し，それぞれに対する適切な対応を行うための管理知識である。

⑩ **統合マネジメント**

　　状況の変化に伴うプロジェクトの変更の影響を図り，最適な対応を決定するための管理知識である。その他の9つの知識群を統合的に扱う必要があるため，「統合」という位置付けになっている。

出所：アイテック教育研究開発部監訳（2014）および鈴木（2015, p.21）より筆者作成。なお，本書のプロジェクトマネジメントに関する用語は基本的にPMBOK®の用語に準拠しているものが多い。

　ところで，最初の4つの知識（スコープマネジメント，タイムマネジメント，コストマネジメント，品質マネジメント）のうち，スコープはプロジェクトマネジメントの土台である。プロジェクトの明確な必要性と目的，そのために活用できる資源，明確な成果物の内容などが確定を確実に行うための知識である。これがうまくいかなければ，コストもスケジュールも確定しない。そして成果物の保証としての品質もいうまでもなく重要である。

　この4つの知識を支えるものが残りの6つの知識である。プロジェクト組織に属して作業を行うチームメンバー（人的資源）やチームメンバーとスポンサーおよびプロジェクトオーナーなどプロジェクトの発注者といった利害関係者（ステークホルダー）との関係を円滑にし，それらとのコミュニケーションをマネジメントする知識である。さらに，内部に適切なメンバーがいなければ外部に委託し，その作業を監視・コントロールしなければならない，いわゆる調達マネジメントもある。

　外部環境の変化によりプロジェクトが縮小，キャンセルされるなど大きなダメージを受けることもまれではない。事実，現在世界の人々の生活を脅かし，経済に大きなダメージを与えている新型コロナウイルスは中国→その他のアジア→欧州→米州→アフリカと広がり，世界的な蔓延（パンデミック）となっている。その結果，多くのプロジェクトを延期，中止に追い込んでいる。このようなリスクを可能な限り予測し，あらかじめ対応策を考えておくこともプロジェクトマネジャーに求められている。リスクを取り扱う知識としてはリスクマネジメントがある。

　このPMBOK®のように，求められる知識は各国のプロジェクトマネジメント団体においてすでに体系化されており，プロジェクトマネジャーの公的資格試験を通じて普及が図られている[6]。日本でもそうした団体が存在する。このうち世界的に最も著名な団体がPMI®であるのは，すでに言及した通りであり，PMI®は世界的な資格としてPMP®試験を主催している。

6　具志堅・葛西（2017）。

第2章

プロジェクトマネジメントの
プロセスとは何か

1. プロジェクトマネジメントのプロセス（ステップ）

　「プロジェクトをマネジメントする」とは目標とする成果を生み出す一連の活動を計画し，そのための作業を遂行し，必要があれば修正を加え，最後の完了時に成果が達成されたかどうか確認するプロセスである。プロセスとして4段階あるいは5段階に設定して考えることが一般に行われている。世界で最も著名なプロジェクトマネジメント知識体系の普及機関であるPMI®は5段階のプロセス（群）として設定し，それぞれのプロセスに必要な知識分野を対応させている。その5つのプロセスとは「立ち上げ（Initiating）」，「計画（Planning），「実行（Executing）」，「監視およびコントロール（Monitoring and Controlling）」，「終結（Closing）」である。

　また，PMI®のプロセスの分類とは別に「計画（Planning），「実行（Executing）」，「コントロール（Controlling）」，「終結（Closing）」などの4つのプロセス群を想定する研究者も存在する。例えば，*HBR Guide to Project Management*では「計画」（Planning）→「立ち上げ」（Build-up）→「実行」（Implementation）→「終結」（Closeout）の4つのプロセスを設定している。また，「概念化」（Conceptualization）→「計画」（Planning）→「実行」（Execution）→「終結」（Termination）の4つのプロセスを提唱している研究者もいる[1]。

1　*HBR Guide to Project Management*（2013, pp.1-29）では「計画」（Planning）→「立ち上げ」（Build-up）→「実行」（Implementation）→「終結」（Closeout）の4つのプロセスを，Pinto（2013, pp.31-33）ではConceptualization→Planning→Execution→Terminationの4プロセスを前提としてプロジェクトマネジメントを議論している。

◆図表2-1◆ プロジェクトマネジメントの５つのプロセス群
(プロジェクトマネジメントサイクル)

出所：PMI®のPMBOK® (第４版)

　以上の**図表2-1**のようにプロジェクトマネジメントは，PMI®によれば「立ち上げ」，「計画」，「実行」，「監視とコントロール」，「終結」の５つのプロセス群で構成されるサイクル（プロジェクトマネジメントサイクル）に沿って行われるのが最も効率的であるとされている。なお，実行プロセスが始まったら，やがて進捗管理を監視・コントロールプロセスで行い，計画プロセスで策定した最初の計画（原計画，ベースラインともいう）との乖離が発見された場合は，それを是正し，再度，修正計画策定のための計画プロセスに戻る。そのため，「計画」，「実行」，「監視・コントロール」は繰り返される。次節では，それぞれのプロセスの内容を詳しく見てゆく。

2. ５つのプロセス（群）において行われること

　「立ち上げ」のプロセスにおいてはプロジェクトの必要性，実行可能性などを検討し，プロジェクトのスポンサー，プロジェクトに責任を有する組織（企業，団体：母体組織，プロジェクトオーナーともいう）などがプロジェクトを立ち上げるか否かを決定する。その後，正式に立ち上げることが決定された暁には，プロジェクトを直接実行するチーム（プロジェクトマネジメントチーム）が招集される。

　正式決定の公式文書として関係者（ステークホルダー）に発出される文書が「プロジェクト憲章」といわれるものである。これが「立ち上げ」のプロセスで最も重要なアウトプットといっても過言ではない。

　プロジェクト憲章にはそのプロジェクトの概要が記述されている。プロジェクトの範囲とその概要，大まかな期限，大まかな予算，立ち上げるか否かの検討の基準となった経営戦略，経済・財務的妥当性，組織の力量などの情報などである。プロジェクトには必ず期限があるため，プロジェクトの範囲をあまり大きく設定すると実行可能性が低くなる。その場合は範囲を分割し，いくつかのフェーズ（Phase，局面）[2]に分けて，それぞれを関連する別のプロジェクトとしてマネジメントしていくこともある[3]。

　第2のプロセスが計画のプロセスである。このプロセスにおいては目標とする成果物（「立ち上げ」で設定された成果物の範囲）をさらに正確に定義し，その内容を詳細化する。ここで，最も重要なことはプロジェクトの範囲（スコープ）を改めて確認し，それを構成する部分構成物を論理的に定義することである。さらに部分構成物を管理可能なより小さい作業のかたまりまで分割する。この論理的に分割され，定義され，構造化されたものをワークブレークダウンストラクチャー（WBS：Work Breakdown Structure）と呼ぶ。管理可能な最小の作業のかたまりをワークパッケージ（Work Package）と呼ぶ。このように成果全体の範囲を分解してワークパッケージにまで落とし込むことによって，必要な作業がなお一層明確になる。作業が明確になれば，その後はその作業間の時系列的な前後関係も明らかになる。そして，それを前提とした所要時間とコストが決まるのである。

　こうした，スコープ，タイム（時間），コスト（費用・予算）の計画が検討および策定されていくわけであるが，成果物ができても，それを担保する仕組みを作っておかなければ，「終結」プロセスでプロジェクトオーナーや

2　フェーズの目的，フェーズの特徴に基づく分類については鈴木（2015）に詳述されている。
3　1つの大きなプロジェクトをフェーズ1，フェーズ2……と時系列に順番を付けて分けることである。したがって，フェーズ1が完了してからフェーズ2に移行する。

スポンサーはその成果を承認（プロジェクトの場合、「検収」という言葉を使うことが多い）しないかもしれない。その結果、「やり直し」という事態になれば、追加的な時間とコストがかかってしまい、最初の計画は、無駄になってしまう。ここで、プロジェクトオーナーやスポンサーにプロジェクト完了を認めさせるためのマネジメント、すなわち品質マネジメントが必要になる。例えば成果物の外形・機能を担保するための「品質」計画である。品質マネジメントはスコープ、タイム、コストとともに最も重要かつ中核的な知識分野といってもよい。

　残りの6つのマネジメントはこれら中核的な知識を支えるサポート的な知識であると筆者は考える。最適なメンバーを選定し、最適に組織化する「人的資源」計画、情報を適切に行き渡らせるための「コミュニケーション」計画がある。遂行途中で生起するかもしれない事象に対応するための「リスク」計画がある。必要であればプロジェクトチームの外部から追加的に資源を入手する（調達する）「調達」計画がある。また、プロジェクトに責任をもつスポンサー、母体組織、プロジェクトマネジメントチームの他にもこのプロジェクトによって直接／間接に影響を受ける関係者をステークホルダー（利害関係者）と位置付け、適切に対応するための「ステークホルダー」計画がある。以上、合計9つの計画を統合的に運用するための計画も必要であり、これを「統合」計画という[4]。9つの計画のうち1つでも変更された場合、他の8つの計画にも影響が及ぶことが多いため、それを調整し、最終的に目標とした成果の達成に導くための計画である。

　このように5つのプロセスのそれぞれの目的を達成するために10の知識が適切に活用されることが想定されている。

---

[4]　本書では「統合」マネジメントを10番目に紹介しているが、最も重要であるとして1番目に紹介する立場の研究者もいる。

3. プロジェクトのプロセス管理の実践的課題

　実際のプロジェクトにおいてはプロジェクトを構成するすべてのパートが同じタイミングでこの5つのプロセスを通過することは稀有である。むしろ，先行するパートと遅延するパートがあり，遅延するパートがボトルネック（制約条件）となって，プロジェクト全体のスケジュールが遅れることがほとんどである。

　例えば，ある製品の試作品（プロトタイプ）を開発するプロジェクトを想定してみよう。設計図は予定通りできても，次の工程であるその製品を構成する原材料の入手が遅れれば，プロジェクト全体としては遅延することになる。原材料入手を担当するパートのグループは原材料入手の計画を見直し，修正した計画でやり直さなければならないかもしれない。その結果，試作品を完成するというプロジェクト全体の完成予定は遅れてしまうのである。プロジェクトの遅延に関する議論はスケジュールをつかさどるタイムマネジメントとも関係するので改めて言及することにする。

　また，プロジェクトを遂行するチームがプロジェクトの成果を完成させ，「終結」のプロセスに入ったとしても，そのプロジェクトを依頼したスポンサーがその成果を不十分だとして，承認しない場合には，不十分な部分を手直しする必要があるかもしれない。その場合，プロジェクトは「実行」プロセスあるいは「監視・コントロール」プロセスに属する作業に立ち戻らなければならない。このようにプロジェクト全体を5つのプロセス通りに粛々と進めることは実際のプロジェクトマネジメントの現場では至難の業である。なお，環境の激変でそのプロジェクトが中止されることもある。その場合はそのプロジェクトが例えば，計画プロセスにあったとしても，実行プロセスには進まず，そのまま終結プロセスに移行する[5]。

5　実行プロセスと監視・コントロールプロセスは割愛される。

　プロセスに似た概念に「フェーズ」,「プログラム」がある。プロジェクトの規模や範囲（スコープ）が大きすぎて, 一定の期間で収まりそうにない場合には, プロジェクトをいくつかの段階に分けながら進めることがある。例えば大きな建設プロジェクトで「設計段階」と「建設段階」に分ける等である。これらの段階をフェーズという。

　最終的には同じ目標に達成するために異なる分野でプロジェクトが複数存在し, それを同時期に推進させるときには, 全体でプログラムという。

　それでは第Ⅱ部では10の知識分野のうち, 4つの知識分野の説明に入ってゆく。最初はスコープマネジメントである。

コラム 1

起業とプロジェクトマネジメント
―東南アジアの中小企業経営者の起業家魂―

　プロジェクトは今までにない成果物や結果を出すために開始されるが，起業も
その代表的なものの 1 つである。新しいビジネスを始めるためにはそのビジネス
の構想（スコープ），設立時期（タイム），必要資金（コスト）を考えておかなけ
ればならない。そのうえで，想定される困難や課題（リスク），必要なスキル（自
分を含めた人的資源），外部協力者（調達），事業によって提供される製品やサー
ビスのレベル（品質）を把握し，関係者（ステークホルダー）と連携を密にしな
ければならない（コミュニケーション）。まさにプロジェクトマネジメントであ
る。筆者は過去約20年間に行った東南アジアの中小企業経営者へのインタビュー
を通じて，彼ら彼女らの起業家魂にプロジェクトマネジャーとしての姿勢が無意
識のうちに備わっていると感じる（以下，下線部）。インタビュー記録からその
うち代表的なものを紹介する。

1. ミャンマーのホテル経営者（女性）

　「夫が存命中はビジネスにタッチしたことはなかった。夫はヒスイの発掘・販
売のビジネスをしていた。夫の死後，10年前から姉とマンゴの販売を行っている。
現在はマンゴジュースの加工販売と併せて，ホテル経営にも展開した。品質のよ
いマンゴを仕入れるために100軒の良い農家を選定し，1 ～ 3 年訓練して，低農
薬で安全な，よいものができるようになった。技術教育は政府経由で国際機関や
先進国の援助機関から受けている。それとともに同業者に声をかけてマンゴ協会
を立ち上げて業界のレベル向上を図っている。それが『ミャンマーのマンダレー
のマンゴ』という地域ブランドになるからだ。低農薬で栽培する新鮮なマンゴの
出荷を通じて，中国製に対する競争力をつけている。昔はバスケットに入れて売
っていたが，今は指導を受けて，サイズやパッケージングについても区別して販
売して，価格競争に陥らないように工夫している。国内ではマンゴジュースの製
造にも展開した。おいしいマンゴジュースを通じて欧米の観光客（宿泊客）への
知名度向上も狙っている。SNSで欧米にも知られることを狙っている。観光業
には可能性があるため，現在 4 階建てのホテルをさらに拡張するつもりである。
『家族的雰囲気での経営』をモットーとしており，従業員のスキルアップのため，

適宜研修に送っている。始めは30名のスタッフが，94名にまで増えた。」
（2019年３月インタビュー）

2. ベトナムの衣類製造販売経営者（男性）

　「1985年にホーチミン市の自宅で創業し，洋服の『仕立て』から始めた。現在の主力製品は既製服（ビジネススーツ）の製造販売だが，冬になるとオーダーメードも増えてくる。取締役６名のうち４名が家族。資金は家族で出資して創業したが，現在では資本金は創立当時の何十倍にもなった。家族の資金を積み立て資本化している。資金繰りで銀行の世話になったことはない。最初はミシン４台・３人の社員が100人になった。販売網は代理店で全国に22か所ある。現在は国内市場向けにとどまっているが，今後は輸出を目指している。資金の限界があり，デザインは職人の手作業で，まだコンピュータ化してはいない。原材料は中国，インド，イギリス，イタリアから輸入している。当社の強みはライバル他社がせいぜい８〜10サイズの品ぞろえであるのに対し，49サイズをもっていることである。海外のデザインを参考にベトナム風にアレンジし，バリエーションを広げている。兼業農家の従業員がほとんどで農繁期は休暇を与える。」
（2008年８月インタビュー）

ベトナム中小繊維メーカーの工場

3. マレーシアの菓子製造販売経営者（女性）

「長年，菓子メーカーに勤めた後，自分が2002年に設立したファミリービジネスであり，自分が社長，娘が専務である。正社員35名，他にパートタイム従業員がいる。販売収入は創立以来 3 年間で急拡大している。製品は菓子であり，主力商品は月餅である。他にクッキーを製造している。国内販売（百貨店や有名スーパー）以外の輸出は英国とシンガポール。高級百貨店や有名スーパーの注文に応じ，高級菓子コーナーに陳列してもらっている。菓子の工夫に加え，パッケージングの開発が品質を高めると考えている。海外見本市では各国の消費者の嗜好や同種の製品のパッケージングを重視している。日本の高級和菓子のように菓子そのものに加えてパッケージングで消費者を楽しませる美しさを付加することが高級ブランドへの道だと考えている。社名も日本名で商標登録した。ただ，2004年に日本で開かれた国際菓子見本市に出品したところ，当社の商品が『100円ショップ製品』のブースに置かれたのは残念だった。製品の安心・安全保証のため，最近HACCPの認証を取得した。」

（2005年 7 月インタビュー）

（文・写真　小林　守）

第Ⅰ部のまとめ

- プロジェクトマネジメントを大学教育等で行う場合にはまず基本的な体系を教え，その後にプロジェクトにおけるビジネスの現場の様々な問題とそれを解決した事例で応用力をつけることが必要であると考える。

- プロジェクトマネジメントの基本的な知識体系は先進国でいくつかの体系がある。また，IT系の資格試験に重点を置いたプロジェクトマネジメントの教科書も多い。

- プロジェクトマネジメントはIT分野のみならず，幅広い実践分野で応用可能であることを理解してもらいたい。また，学習上の混乱を避けるために最も基本的で，国際的にも広く普及したものを理解してもらうことがよい。このうち，米国プロジェクトマネジメント協会，すなわちPMI®のPMBOK®ではスコープ，タイム，コスト，品質，人的資源，コミュニケーション，リスク，調達，ステークホルダー，統合の10の知識を設定している。

- プロジェクトそれぞれの進め方にもステップ（プロセス）があり，最も標準的な米国のPMI®は「立ち上げ」，「計画」，「実行」，「監視およびコントロール」，「終結」の5つのプロセスに分けている。しかし，同じ米国でも「計画」，「立ち上げ」，「実行」，「終結」というように4段階に分けて考える立場もある。

21

第 II 部

プロジェクトの目標達成に結びつく
ポイントを考える

第3章

スコープをどのように管理するか

1. スコープの経済性比較と選択

プロジェクトのスコープ（範囲）を決めることは簡単そうに見えて，実は大変に難しいことである。自社あるいは自分のために実施するプロジェクトであっても，「これを達成したいからプロジェクトを立ち上げる」といった具合に大雑把に大きな範囲を設定してプロジェクトを実施するならば失敗する確率はかなり高いといえる。まず，その前にプロジェクトを実施してもたらされる成果のメリットとデメリットを精査してみる必要があるし，またそのプロジェクトを遂行する能力が自社あるいは自分にあるのか，といった検討も必要になる。

他社から有償で依頼されたプロジェクトであれば実施することが前提ですでに話が進んでいて，経営上，断りにくい場合もあるだろう。たとえそうであっても，そのプロジェクトのスコープを漏れなく完成させるために要する費用（コスト）が支払われる代金では到底まかなえないものであったり，要求されたプロジェクトの完了までの期限が不可能なほど短期であったりすれば，失敗は目に見えている。その場合はスポンサーと交渉するなどして，その範囲を合理的なレベルまでに縮小するか，あるいは予算の付加を交渉する必要があるだろう。また，場合によってはその依頼を謝絶（お断り）した方がよい場合もある。できないことをできるというのはビジネス上，不誠実でもある。

このようにスコープの検討とその決定はプロジェクトの成否を決める致命的に重要な作業である。プロジェクトのスコープを決定する方法には様々な

ものがあるが，ここでは経済的・財務的なメリット／デメリットを判定して，スコープを決定する経済性の分析手法について言及する。代表的な手法は以下の5つである。

① 投資回収期間＝PBP（Pay-back Period）
② 投資収益率＝ROI（Return on Investment）
③ 便益/費用比率＝B/C比率（Benefit/Cost Ratio）
④ 正味現在価値＝NPV（Net Present Value）
⑤ 内部収益率＝IRR（Internal Rate of Return）

以下，それぞれを簡単に説明する。

2. 投資回収期間（PBP：Pay-back Period）

　プロジェクトを実施するために投下した資本（資金）がプロジェクトの成果が今後生み出すキャッシュフロー（資金の流入から流出を引いたもの）の純額によって，何年で取り戻せるかというものであり，この年数が短ければ短いほどよい。異なるスコープをもつ2つのプロジェクトを比較する場合は投資回収期間（PBP）が短い方を「ベターなプロジェクト」として選択するものである。

　例としてプロジェクトAとプロジェクトBを**図表3-1**，**図表3-2**のように示す。プロジェクトAおよびBともにプロジェクトを遂行し，施設が完成するまでに1年かかり，完成後営業を行い，その施設は7年で寿命を迎えるとする。

　完成するまでに1年かかるとして，施設建設の年は0年目とする。施設完成後の運営最初の年が1年目である。1年目から運営最終年の7年目まで営業を続ける中で，キャッシュの流入（Cash-flow In）および流出（Cash-flow

Out）および前者から後者を差し引いたキャッシュフローの純額（NC：Net Cash-flow）は**図表3-1**・**図表3-2**の通りである。

　プロジェクトAの場合，0年目で投資した100（－100）をその後の5年間のキャッシュフローの純額の合計で回収している（20×5年）から投資回収期間は5年ということになる。

　事例1と同様に事例2でプロジェクトBのPBPを考えると，それは3年目と4年目の間，すなわち，4年目の最初の4か月であるとわかる（10＝30×4／12か月）。この結果，プロジェクトBのPBPはプロジェクトAよりも8か月短いといえるから，プロジェクトBの方がより経済性が高く，取り上げるべきものであるという結論になる。

◆ 図表3-1 ◆ 事例1：プロジェクトAのキャッシュフロー

通常の計算	0年目	1年目	2年目	3年目	4年目	5年目	6年目	7年目	合計
流入	0	30	30	30	30	30	40	50	240
流出	100	10	10	10	10	10	10	10	170
流入－流出(NC)	－100	20	20	20	20	20	30	40	70

出所：筆者作成

◆ 図表3-2 ◆ 事例2：プロジェクトBのキャッシュフロー

通常の計算	0年目	1年目	2年目	3年目	4年目	5年目	6年目	7年目	合計
流入	0	40	50	50	40	30	20	20	250
流出	120	10	10	10	10	10	10	10	190
流入－流出(NC)	－120	30	40	40	30	20	10	10	60

出所：筆者作成

3. 投資収益率（ROI：Return on Investment）

　次に投資収益率（ROI）を考えると，投資回収年までにプロジェクトAは1年あたりのキャッシュフロー純額は，100÷5年＝20（小数点四捨五入），最初の投資額が100だから，ROIは20÷100＝20％となる。

　プロジェクトBは同様に100÷3.3年≒33（小数点四捨五入），最初の投資額が100だから，ROIは33÷100≒33％で，この結果，投資収益率はプロジェクトBの方が高いため，経済性が優れているといえる。すでに気づいたと思うが，ROIはPBPの逆数関係にある。すなわち，

投資回収期間＝1/ROI

という関係が成り立つ[1]。

4. 便益/費用比率（B/C Ratio）

　便益/費用比率（B/C Ratio）は，このプロジェクトが完成後にもたらす便益を金額で表したものを分子に，このプロジェクトを完成させるために要した費用を分母に置いたものである。＞1であれば便益が費用を上回るので良いプロジェクト，＝1であれば，「便益費用トントン」のプロジェクト，＜1であれば費用をかけた割にはそれなりの便益が得られない良くないプロジェクトと判定する。すなわち，

便益/費用比率＝便益（Benefit）/費用（Cost）

---

[1] ただし，年によってキャッシュフローが変動する場合は平均値を用いて計算することに注意。

である。なお，この手法の便益，費用は直接的な金銭的なキャッシュフローだけでなく，間接的な効果を金銭ベースに置き換えて算出する場合もある。

5. 正味現在価値（NPV：Net Present Value）

　事例１と２のプロジェクトＡおよびＢの各年のNCに時間的な機会損失を考慮して計算し直したのが**図表3-3**と**図表3-4**のNCの正味現在価値（NPV）である。０年目から１年が経過する毎に1.1で割り引かれている（例：１年経過後　$20 \div 1.1 = 18.2$，２年経過後　$20 \div 1.1 \div 1.1 = 16.5$　……）。これは１年間の期間があれば10％金額を増やすことができるのだから（銀行利子などの他の投資機会によって金額が大きくなるという意味），次の年の同じ金額は今年の同じ金額と比べた場合に価値が劣るとしてその分（10％，すなわち1.1で）割り引いて考えるべき，とする概念である。

　事例３と４の**図表3-3**と**図表3-4**でプロジェクトＡとＢを比較した場合，単純なNCで考えない，すなわちプロジェクト寿命の７年目までただのNCの合計はＡが70，Ｂが60である。この場合プロジェクトＡの方がＢよりも「収益性の高いプロジェクト」との判断につながる。しかし，NCのNPV値の合計で見るとＡが13.3，Ｂが14.1であり，プロジェクトＢがＡより「収益性の高いプロジェクト」との判断になり，全く逆の結論になる。現代は様々な投資機会が選択可能であるため，機会損失を考慮することが重要であるとされており，NCのNPV値の合計で考えることが一般的である。

◆図表3-3◆事例3：プロジェクトAのNPV（割引率＝10％）

NPVの計算	0年目	1年目	2年目	3年目	4年目	5年目	6年目	7年目	合計
流入	0	30	30	30	30	30	40	50	240
流出	100	10	10	10	10	10	10	10	170
流入－流出(NC)	−100	20	20	20	20	20	30	40	70
NCのNPV値	−100	18.2	16.5	15.0	13.7	12.4	16.9	20.5	13.2

出所：筆者作成

◆図表3-4◆事例4：プロジェクトBのNPV（割引率＝10％）

NPVの計算	0年目	1年目	2年目	3年目	4年目	5年目	6年目	7年目	合計
流入	0	40	50	50	40	30	20	20	250
流出	120	10	10	10	10	10	10	10	190
流入－流出(NC)	−120	30	40	40	30	20	10	10	60
NCのNPV値	−120	27.3	33.1	30.1	20.5	12.4	5.6	5.1	14.1

出所：筆者作成

6. 内部収益率（IRR：Internal Rate of Return）

　より収益性の高い投資機会と比べて，「遜色ない」プロジェクトであるかどうかを判定する場合，NPVではなく別の指標を使って比較する。つまり，それぞれのプロジェクトのキャッシュフローがもつNPV値の合計を0にする固有の割引率を算出し，比較すれば収益性の高いプロジェクトかどうかを判定することができる。この固有の割引率を内部収益率（IRR）という（**図表3-5，図表3-6**）。

　例えば，事例5のプロジェクトAのNCのNPV値を13.50％（1.1350）で割り引いたものの合計は0.0，一方，事例6のプロジェクトBのNCのNPV値を

16.45％（1.1645）で割り引いたものの合計は0.0である。これはプロジェクトＡの収益性は１年あたり13.5％の利益を生み出す他の投資機会と「トントン」であり，プロジェクトＢの収益性は１年あたり16.45％の利益を生み出す他の投資機会と「トントン」である，ということを表す。すなわち，プロジェクトＢの収益性の方が大きいということになる。

それぞれのプロジェクトのIRRを１回の計算で「発見」することは難しく，見当をつけながら何度か「トライアンドエラー」の計算をしなければならない。しかし，最近はパソコンや金融専門の電卓にIRRの計算ソフトが内蔵されている場合もある。その場合はキャッシュフローとプロジェクトの寿命年数を打ちこめば自動的に計算してくれるようになっており，便利である。

◆図表3-5◆事例５：プロジェクトＡのNPV（IRR＝13.5％）

NPVの計算	0年目	1年目	2年目	3年目	4年目	5年目	6年目	7年目	合計
流入	0	30	30	30	30	30	40	40	230
流出	100	10	10	10	10	10	10	10	170
流入－流出(NC)	−100	20	20	20	20	20	30	30	60
NCのNPV値	−100	17.8	15.9	14.1	12.6	11.2	15.0	13.4	0.0

出所：筆者作成

◆図表3-6◆事例６：プロジェクトＢのNPV（IRR＝16.45％）

NPVの計算	0年目	1年目	2年目	3年目	4年目	5年目	6年目	7年目	合計
流入	0	40	50	50	40	30	20	20	250
流出	120	10	10	10	10	10	10	10	190
流入－流出(NC)	−120	30	40	40	30	20	10	10	60
NCのNPV値	−120	26.3	30.6	26.8	17.6	10.3	4.5	3.9	0.0

出所：筆者作成

第4章

スケジュールをどのように管理するか

1. 時間のマネジメントとスケジュールコントロール

　プロジェクトのスコープ全体をそのまま管理することは困難であるため，それを分割し，管理しやすい作業のかたまり，いわば作業の部品に分類し，体系化する必要がある。これがワークブレークダウンストラクチャー（WBS）といわれるものである。管理可能な最小の作業のかたまりをワークパッケージという。この段階まではスコープのマネジメントの範疇である。

　この後，ワークパッケージの中身の具体的な検討（作業手順，作業毎の時間見積もり等）に移る。これらの技法がタイムマネジメントに含まれる。具体的にはワークパッケージに基づいて必要な人的資源やコストを割り当てていくのだが，まず，その前にワークパッケージ自体が，いくつかの作業（アクティビティ）により構成されていることに着目する必要がある。ワークパッケージは作業の論理的な「かたまり」であり，その作業によって成果を生み出すことが求められている。しかし，その成果を出すためにワークパッケージの中に「何と何をしなければならないがその順番はこうでなければならない」というアクティビティのフローがおのずと存在する[1]。アクティビティを最も合理的な順番に並べ替えてワークパッケージで求められている成果（プロジェクト全体の成果から見れば部分的な成果である）に導くフロー図を計画しなければならないが，それをアクティビティネットワーク図という。**図表4-1**がワークパッケージという部分成果物を構成する作業，すなわちアク

1　前後が変更不可能な「強制依存関係」，前後を交換可能な「任意依存関係」，外部条件の変化により，前後が変わる「外部依存関係」という３つの視点からアクティビティの作業フローが決められていく。

◆**図表4-1**◆ アクティビティネットワーク図の例

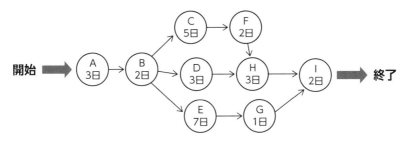

注　：A〜Iはそれぞれの作業（アクティビティ）を表す。それぞれの作業の中の日数はそのアクティ
　　　ビティを終了させるための時間見積もり
出所：筆者作成

ティビティネットワーク図の一例である。作業Aから始まり，作業Iを経て完成に至るまでの作業間の時系列的な前後関係と連関を示している。日数はそれぞれの作業を完成させるために要する時間である。

　このネットワークを作成することによって，アクティビティが必要な人的資源の配置によって何日で完了し，その次のアクティビティへと引き継ぐかが示されるのである。このためのテクニックがアクティビティ順序設定（強制依存関係，任意依存関係，外部依存関係），アクティビティ時間見積もり（最頻値，楽観値，悲観値を用いた単純平均，加重平均などを用いたPERT手法：Program Evaluation and Review Technique）である。記述が複雑になるためPERT手法については詳述しない[2]。

2. クリティカルパスとクリティカルチェーン

　そのうえでネットワーク上の最も時間のかかる作業のフローがクリティカルパスである。**図表4-2**の例でいうとA→B→C→F→H→Iの作業フロー

2　アクティビティ時間見積もりには1点見積もりと3点見積もりがある。平均値を求めるのは3点見積もり。詳しくは加藤（1965）を参照されたい。

◆ 図表4-2 ◆ ガントチャートの例

作業/月	7月	8月	9月	10月
図面作成	→			
材料調達		→		
組立・製造			→	

注　：矢印の始点は開始，終点は終了日を表す。
出所：筆者作成

が合計17日を要するパス（経路）であり，最も時間のかかるパス，すなわち，クリティカルパスである。クリティカルパス上の作業を終えるための期間がそのワークパッケージという部分成果物を完成させるための必要最小時間である。さらに大きくいえばプロジェクトにおける全てのクリティカルパスに要する時間の合計がプロジェクト全体の成果を完成させるための必要最小時間といえる。このことはクリティカルパスに必要な時間を工夫して短縮することができれば，ワークパッケージ，すなわちプロジェクト全体に必要なタイム（スケジュール）を短縮できるということである。クリティカルパスを短縮する手法としては，クリティカルパス上の最も適切なアクティビティにより多くの人員などの資源を投入する「クラッシング」や後続のアクティビティを前倒しして開始する「ファストトラッキング」等の手法がある。

　また，個別の作業の進捗を管理するためのスケジュール管理手法としてはガントチャートやマイルストーンチャート（**図表4-3**）という，いわば作業工程表がある。ステークホルダーへの最適情報提供の選択の観点からいずれかを用いるとよい。

　一般にガントチャートは詳細情報を付加できるため，プロジェクトチーム内部の管理用に，マイルストーンチャートはスケジュールに関心が強いスポンサーなどへの進捗説明用に用いられる（スポンサーが求める情報の詳細度にもよる）。

◆ 図表4-3 ◆ マイルストーンチャートの例

作業/月	7月	8月	9月	10月
図面作成	△ 開始　▲ 終了			
材料調達		△ 開始　▲ 終了		
組立・製造			△ 開始	▲ 終了

出所：筆者作成

　さて，以上はプロジェクトマネジメントの典型的なタイムマネジメントの知識であるが，現実問題として，この通りにスムーズにいくことは珍しい。スポンサーなどのステークホルダーからの変更要求があるし，プロジェクトの内外のリスクが現実のものになり，作業の変更が生じることがほとんどであるからである。

　時には外部環境の変化によりプロジェクトが中止や延期になったり，スコープが大きく変更になったりすることもある。実際に2021年に生きている我々は歴史的な厄災である新型コロナウイルスの世界的蔓延により，多くのプロジェクトが影響を受けている。新型コロナウイルスという外部環境によってプロジェクトは中止あるいは延期を余儀なくされている。例えば東京オリンピックというプロジェクトは延期され，各種イベントは中止された。

　こうした時期にプロジェクトに関わっているプロジェクトマネジャーの中には外部環境である新型コロナウイルスの蔓延がいつ終焉を迎えるかが見えない現状であっては，タイムマネジメント等は意味がないと思う人もいるかもしれない。しかし，そうではない。再開された場合には，元の計画以上に効率的な進め方をして極力，遅れを取り戻そうとすることもタイムマネジメントである。

　さて，作業Aがすでに終わっているにもかかわらず，作業Bに取り掛かれない事態が発生している状況を考えよう。クリティカルパスではそれぞれの

作業にかかる日数を考える際に余裕時間（フロート）を含んでいるから，それぞれの作業は次の作業の開始に影響を与えない範囲で「遅れさせることができる」。それぞれの作業が余裕時間を目いっぱい使ってしまっても全体のプロジェクトは「予定通り完了するはず」という考え方である。しかし，現在のような予想もできない外部環境でプロジェクトがストップしてしまった場合は各作業に配分されているフロートの範囲内でしか遅れは許されない。

　こうした状態により対応しやすいのがクリティカルチェーンの考え方である[3]。クリティカルチェーンではそれぞれの作業にフロートを設定せず，遅れやすい作業の合流地点に余裕時間をまとめて設定する（合流バッファー），あるいは最後の作業の後ろに余裕時間をまとめて設定する（プロジェクトバッファー）のである。合流地点あるいは最後にまとめておくことによって，そのプロジェクト全体の「遅れてもよい時間」を全体としてフレキシブルに管理することが可能になるのである。したがって，予想もしない大きな遅れに直面しても，動ぜずに「最後で帳尻を合わせる」ことを想定内として許容するのである。

　なお，クリティカルチェーンの考え方はプレジデンスダイヤグラム法（**図表4-4**）[4]でアクティビティネットワークを作成し，クリティカルパスを確認したうえで，バッファー（クリティカルチェーンでは「フロート」とはいわず「バッファー」という）を適切な場所にまとめ直すのがやりやすい。バッファーの設定により，各作業のフロートはなくなるから，担当者の作業負担が重くなることもある。この点の制約（資源バッファー）を考慮して人的資

3　イスラエルの物理学者エリヤフ・ゴールドラット博士が考案。トヨタ自動車の「カンバン方式」を研究しているうちに，「しっかり計画しているはずなのになぜプロジェクトはいつも遅れるのか」という問題に取り組み，不確実性を人間の心理や組織文化なども考慮して提起し，それを論理的な順序関係，資源の可用性，統計的確率の考え方を使って「バッファー」という概念を創出した。邦訳では関連で次の2書が出版されている。エリヤフ・ゴールドラット著，三本木亮訳，稲垣公夫解説（2001）『ゴール』ダイヤモンド社およびエリヤフ・ゴールドラット著，三本木亮訳，津曲公二解説（2003）『クリティカルチェーン』ダイヤモンド社

4　個々の作業の内容を示すボックスを→でつなげて時系列連関を示すアクティビティネットワーク図。個々のボックス毎に必要時間を見積もる。この他に時系列連関を示す→（アロー）に必要作業時間を見積もるネットワーク図作成の方法もある。これをアローダイアグラム法と呼んでいる。

源に調整を加えるとよい。バッファーは，限りある資源とプロジェクトの不確実性に対応するために考え出された概念である。クリティカルパスでは資源の制約を必ずしも考慮に入れていないが，クリティカルチェーンは時間の制約の他に資源の制約（キャパシティの制約）などを考慮に入れている。様々な制約要因を抽出し，最も制約の大きい部分の能力を考慮して，全体効率を最大化することを考える。それゆえに「制約理論」（TOC：Theory of Constraints）とも呼ばれる。このTOCの思考プロセスの考え方は，時間のマネジメント以外にも，会計分野など多くのビジネス分野で応用が期待されている[5]。

◆図表4-4◆ プレジデンス・ダイヤグラム法の例
（括弧の中はそれぞれのアクティビティに要する日数）

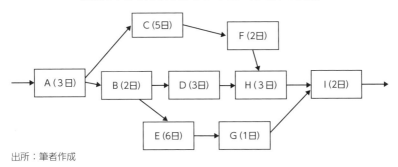

出所：筆者作成

5　佐々木訳（2017）。

第5章

コストをどのように管理するか

1. プロジェクトコストの構成要素

　プロジェクトマネジメントにおけるコストとはプロジェクトを遂行するための予算である。したがって，いわゆる企業経営でいうところの「売上－費用＝利益」という意味でのコストとは必ずしも同じ概念ではない。プロジェクトの予算の主な構成要素は以下の通りである。

①　直接人件費＝時間単価×時間
　・時間単価には会社の利益と直接人員の福利厚生費含む
　・経験年数や資格による単価表の公表が行われる
②　その他直接費
　・原材料
　・機械設備費
　・旅費（出張費）
　・外注費
③　間接費（一般管理費）：（①＋②）×一定比率の係数[1]
④　予備費
　・プライスエスカレーション（物価上昇率などを仮説で計算）
　・アローワンス（相場の動きなどによる機材の単価変動に備えるために

1　この比率は発注者と受注者の間の交渉で決まるが，事前に発注者が「発注条件」として決めている場合も多い。なお，直接物件費を加えたものではなく直接人件費との比率のみを一般管理費として見積もる場合もある。

計算）

- その他リスクを見込んだ予備費

　最後のその他リスクを見込んだ予備費は現実には設定しにくいため，スポンサーなどに要求することが難しい場合がある。以下，４つのコスト要素を個別に説明する。

（1）直接人件費

　「直接人件費」はわかりやすい。実際にプロジェクトの現場で直接その遂行に携わるスタッフへの経費である。ただ，注意しておきたいのはそれぞれのスタッフに支払われる「給料」ではない。それぞれのスタッフが１時間あるいは１日あるいは１か月働いた場合にスポンサー（プロジェクトの発注者）がプロジェクトチームの母体組織（会社），すなわちプロジェクトの受注者に支払う金額である。

　例えば，「経験年数10年のスタッフには１か月40万円」，「経験年数20年のスタッフには60万円」という人件費単価が契約書で合意されていたとしよう。

◆図表5-1◆山田氏，鈴木氏，山本氏が参加しているプロジェクトの作業スケジュール表（「ガントチャート」を用いたもの）

担当人員（作業内容）	4月	5月	6月	メンバー毎の直接人件費と総合計
山田（概念設計）	0.5カ月 →			20万円
鈴木（詳細設計）		1.0カ月 →		40万円
山本（組立・製造）			1.5カ月 →	90万円
月毎の直接人件費合計	40万円	50万円	60万円	150万円

出所：筆者作成

その場合**図表5-1**のように経験年数10年の山田氏と鈴木氏，経験年数20年の山本氏が参加したプロジェクトの作業スケジュールを定めていたとすれば，山田氏の作業期間は半月，鈴木氏の作業期間は1か月，山本氏の作業期間は1.5か月である。それぞれのスタッフの作業期間に上記の月単価を変えると，山田氏への直接人件費は20万円，鈴木氏は40万円，山本氏は90万円となる。この結果，このプロジェクトに要する直接人件費は150万円となる。

（2）その他直接費

「その他直接費」もそれほど難しくない概念である。原材料を必要とするプロジェクトには原材料費がある。機械設備が必要なプロジェクトには機械設備費がある。多くの場合，プロジェクト期間は機械の耐用年数より短いことが多いので，この場合計上される機械設備費は減価償却費になるかもしれないし，リース料やレンタル費になるかもしれない。耐用年数が1年未満であれば，「消耗品費」として扱い，購入価格をそのままこの費用にあてる場合もある。旅費はプロジェクトメンバーの出張費（宿泊費，交通費，日当等），外注費は作業の一部をプロジェクトチームの外部に委託した場合に支払う委託費である。

（3）間接費

「間接費」はプロジェクト現場で直接作業に関わっている人や物以外でプロジェクトに貢献している人や物に関わる費用である。例えば，プロジェクトチームが所属する会社（母体組織）の本社でサポートしている経理課スタッフ，人事課スタッフ，総務課スタッフなど，いわゆる間接部門スタッフ（「縁の下の力持ち」）への人件費であったり，そのスタッフが使っている機材，備品へのコストである。難しいのはそれらのスタッフは他のプロジェクトにもバックアップしている場合が多い。それらへの貢献と本プロジェクト

への貢献の度合いを峻別することは難しいため，一定の割合を仮定してその割合をパーセンテージとして設定して計算されるものである。

(4) 予備費

「予備費」はプロジェクトが1年以上にわたる場合にあり得る「物価上昇分」を考慮して，それが現実のものとなったときに使用するプライスエスカレーション，必要な機材・原材料の調達金額が外部条件の変化（相場価格の上昇）などで当初よりもより多く必要になった場合に使用するアローワンスが主なものである。その他のリスクによって必要になりそうな予算も予備費として見込まれる場合もある。

2. コスト見積もりの手法

実務上，コストを見積もるのは意外に難しい。なぜなら詳細な見積もりを緻密に行っている時間的余裕がない場合があるからである。例えば，そのプロジェクトを実施するか否かをすぐに意思決定する必要に迫られている経営者は，とにかく一刻でも早く大枠の予算を知りたいかもしれない。その場合は過去の類似プロジェクトを参考にして経験豊かな専門家が大雑把でも素早く提示してくれる数字の方が経営者にとって大変にありがたい。こうしたプロジェクトのコスト見積もりを「類推見積もり（トップダウン見積もり）」という。ただ，専門家の「経験」は甚だ定性的で信用できないという意見もあるかもしれない。その場合は過去の類似プロジェクトの費用数値をデータベース化し，統計的かつ数学的に処理するなど計算モデルによって積算した方が説得的である。スーパーコンピュータなどの機器を用いればいかに複雑なプロジェクトの費用見積もりでも瞬時に可能である。その結果，統計的に何らかの係数が導出できよう。この係数を用いて見積もりを算出するもので

ある。こうした見積もりを「係数見積もり」という。ただ，小さなプロジェクトはこのような仰々しい見積もりを行う必要があるか疑問である。また，中小企業にはそうしたモデルを構築するための費用はかえって負担になろう。

　時間はかかるが正確性という点で最も信頼できるのは実際にプロジェクトのリーダーとなる現場の責任者が1つひとつの項目について費用の数字を積み上げ，それを合計して算出する方法である。これを「ボトムアップ見積もり」という。先にスコープやタイムのマネジメントの説明で学んだ「ワークパッケージ」をベースとして，それぞれのワークパッケージのコストを積み上げるものである。この見積もり方法は精度が高い。

　以上のように学んだ3つの見積もりのタイプは使用目的毎に用いられる。「トップダウン見積もり」は超概念見積もり（大まかなオーダー予算）ともいわれ，誤差は－25%～＋75%とされる。精度は落ちるが，迅速な意思決定が必要な場面には欠かせない。また，もう少し具体的な実行可能性が知りたい，しかしワークパッケージのコストを積み上げる時間的余裕がない場合は「係数モデル見積もり」が用いられることもある。実行可能性判断のために用いられる。精度のレベルは－15%～＋50%とされている。

　しかし何といってもコストマネジメントは精度が命である。この意味で「トップダウン見積もり」，「計数モデル見積もり」が行われ，プロジェクトの実施が許可された後でも，いずれにせよ「ボトムアップ見積もり」が必要になるのである。これは契約交渉のための予備的見積もり，契約書に明記する見積もり（確定見積もり），そしてプロジェクトが開始されてからそのプロジェクトマネジャーが管理する段階での見積もりとして用いられるため，必ず必要になるのである。営業上の要求からともすれば採算軽視で「赤字覚悟」の低い見積もりをプロジェクトマネジャー等が意図的に積算する場合があるが，これはプロジェクト開始後の不測の事態やリスクに対応できなくなる原因になる。精度の高いコスト見積もりを顧客に提示し，「これより低いとプロジェクトの品質が保てません」という姿勢が大事である。

3. コストのマネジメントにおける実践的問題

　プロジェクトのコストマネジメントはビジネスとしてのプロジェクトを考えるとき，最も厳しく管理を求められる分野である。筆者の経験からいうと一般に顧客（スポンサー）から依頼を受けて実施するプロジェクトの一定数はコストを超過して完了するいわゆる「赤字プロジェクト」である。

　プロジェクトを受託する会社はこの赤字を次のプロジェクトで取り返すべく努力し，それで何とか全体として年間の決算で黒字を達成する，というようなことを行っている場合が多い。すなわち，チームは複数のプロジェクトを実施し，そのいくつかは赤字プロジェクトになってしまうが，それ以外の黒字プロジェクトの利益を合わせて，チームという組織単位の業績を黒字にするというのが現実のところである。しかし，こうした経営姿勢はプロジェクト毎の採算をしっかりと評価して，採算の合わない特徴をもつプロジェクトの受注を将来的に避けていこうとする「健全」な営業の実施を困難にしてしまうため，問題があると筆者は考える。

　たとえ，社内で「複数のプロジェクトで採算をとれればよい」とする経営姿勢が許されていたとしても，結局，それは個々のプロジェクト管理を甘くしてしまうことにつながる。油断である。その結果，すべてのプロジェクトが赤字となり，組織単位業績は大赤字になってしまう可能性も出てくる。したがって，結果的にいくつかのプロジェクトが赤字で終了してしまったとしても，当初は「プロジェクトの１つひとつをすべて黒字にする」という取り組みが必要なのである。まさしく，我々はこのためにプロジェクトマネジメントの知識を学んでいるといえよう。ちなみに赤字にならないためにまず気を付けなければならないのは以下の点である。

① 　プロジェクトを受注したいあまり，低い見積もりをスポンサーに提出しない。価格競争に陥って採算を考えない仕事の取り方は，いずれ破綻

する。社内のプロジェクト受注目標のプレッシャーでプロジェクトマネジャーはしばしば，コスト面で困難なプロジェクト受注しがちになるので注意が必要である。

②　スコープを甘く考え（スコープ定義作業の詰めの甘さ），細部を検討しないとコスト見積もりが十分でなくなり，結局予算内にプロジェクトのスコープや品質を満たすことができない。スポンサーの要求を詳細にヒアリングしないと，思い込みでスコープを過小に設定してしまう危険性がある。

③　プロジェクトでは予想しない技術問題は必ず出てくるものである。したがって技術面に対するリスク認識が甘いと赤字プロジェクトになりやすい。担当のプロジェクトメンバーの意見をよく聞くことが必要である。

④　顧客によっては仕様変更を頻繁にしてくることがある。影響の大きい変更要求が出てくる可能性を十分予測して余裕のある予算見積もりをしておくことも必要である。コントロールできない外的要因による仕様変更が余儀なくされそうなプロジェクトは，予備費をしっかりと見積もっておくことが必要である。

最終的にコストは固まったならば，その発生タイミングを時間軸に展開することが，プロジェクトを管理するうえで，必要となる。これが，プロジェクトの支出計画になる。これをコストベースラインと呼ぶ（**図表5-2**）。プロジェクトマネジメントのプロセスが「立ち上げ」→「計画」→「実行」→「監視・コントロール」→「終結」と進んでいく場合，コストの発生の増加傾向はプロジェクトのリソース（人的資源，物的資源）の活用度のレベルが「立ち上げ」では小さく，「計画」から少しづつ，大きくなり，「実行」で最大になる。また，「監視・コントロール」は「計画」と「実行」の乖離を調整するプロセスであるため，「実行」ほど，リソースは用いられない。最後の「終結」はいうまでもなくリソースの活用度は小さい。したがって，コストベースラインは一般に「S字」型の形状（S字カーブ）をとる。

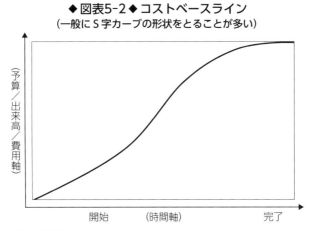

◆ 図表5-2 ◆ コストベースライン
(一般にＳ字カーブの形状をとることが多い)

(予算/出来高/費用軸)

開始　　(時間軸)　　　　　完了

出所：筆者作成

　コストベースラインはプロジェクトの進捗により，様々な状況に影響されて計画と実際の支出が乖離していく際に，それを監視し，修正(コントロール)していくベースになるので大変重要である。コストの監視と修正(コントロール)については第Ⅴ部で詳細に論じる。

コ ラ ム 2

海外進出プロジェクトとコストマネジメント
―日系百貨店のアジア進出における店舗賃貸コスト―

　アジア各国へ進出する日系の百貨店が直面する大きな課題の1つが，店舗の賃貸料というコストである。香港にはかつて大丸をはじめ伊勢丹，松坂屋，三越，東急，そごう，西武など日系百貨店が多く進出していたが，香港の中心商業地区の賃貸料の高騰（1985年からほぼ一貫して上昇を続け，1993年にはすでに4倍にまで値上がりしていた）に苦しみ，松坂屋2号店（1994年撤退）を皮切りにして，三越2号店（1995年撤退），伊勢丹2号店（1995年撤退）と撤退が相次いだ[1]。そして2006年9月の三越・銅鑼湾店の閉店によって，香港から日系百貨店は全て姿を消すこととなった[2]。

賃貸料に苦しみ日系百貨店が姿を消した香港

　最近の例では1992年の開業以来，アジア通貨危機をも乗り越えて，「日本の百貨店の象徴」として親しまれてきたバンコクの伊勢丹が，2020年8月31日に営業を終了した。同店は2011年度以降，黒字経営を続けてはいたものの[3]，綱渡りの経営状態が続いていた。他方，バンコク伊勢丹が入居する巨大なショッピングセン

1　川辺純子（2014）「日系小売企業の香港進出と香港日本人商工会議所」『城西大学経営紀要』https://core.ac.uk/download/pdf/34708483.pdf，〔2021年1月17日閲覧〕

2　『人民網日本版』「香港から日系百貨店消える　三越，ビル再開発で閉店」2006年9月16日，http://j.people.com.cn/2006/09/17/jp20060917_63121.html〔2021年1月17日閲覧〕

3　飯山辰之介「バンコク伊勢丹が撤退発表，色あせた老舗の日系百貨店」『日経ビジネス』2020年3月18日，https://business.nikkei.com/atcl/gen/19/00118/031700005/?P=1〔2021年1月17日閲覧〕

ター「セントラル・ワールド」周辺の土地評価額は大きく値上がりし，これを受けて家主のセントラル・グループが大幅な賃料の値上げを持ちかけたため，ついにタイからの撤退に追い込まれた[4]。28年の歴史に幕を閉じたのである。

　また，2012年12月に上海市長寧区で開業した髙島屋も2019年 6 月，地元の不動産所有企業と家賃交渉がまとまらず撤退を表明した[5]。その後，その不動産所有企業から「十分に採算が取れるラインまで賃料を引き下げる」旨の打診があったことや，上海市政府が支援を申し出たことで，一転，店舗運営の継続を決めたという[6]。ネットショッピングやショッピング・モールとの競争激化により，百貨店を取り巻く環境は，日本だけでなく，アジアにおいても厳しい。三越伊勢丹はシンガポールで2020年 3 月期まで 2 期連続で最終赤字を計上し，リストラ，すなわち店舗数の削減を行った[7]。髙島屋もタイやベトナムで赤字が続き，2019年には東急百貨店がバンコク郊外の店舗を閉鎖した[8]。

台湾・台北駅周辺の日系百貨店（新光三越）の店舗

　多くの日系小売り流通業はアジア各国において不動産を所有せず，地元不動産業者のビルに入居する形でテナント形式の店舗を構える。アジアの大都市におい

4　同上
5　『日本経済新聞』「髙島屋，上海店の閉店を撤回　家賃負担軽減で継続」2019年 8 月23日，https://www.nikkei.com/article/DGXMZO48913790T20C19A8H63A00〔2021年 1 月17日閲覧〕
6　同上
7　『日本経済新聞』「東南アの日系小売り，主役はドンキ　タイ伊勢丹は閉店」2020年 9 月26日，https://www.nikkei.com/article/DGXMZO64269730V20C20A9FFE000〔2021年 1 月17日閲覧〕
8　同上

て不動産価格は基本的に右肩上がりであり，２〜３年ごとの契約更新においては賃貸料が跳ね上がる。この賃貸料が２年〜３年間の営業努力で蓄積した利益を「吹き飛ばす」ことすら珍しいことではない。長期にわたって営業を続け，地域に溶け込んで，地元客に愛されようとするのであれば進出時に不動産を購入し，契約更新時の賃貸料の上昇による憂いをなくすべきであろう。購入資金の融資を受ける場合は金利というコストを負担しなければならないが，長期の借入資金の利子は多くの場合，固定金利であり，契約更新時の賃貸料の上昇を恐れる必要はなくなる。

（文・写真　小林　慧）

第6章

品質をどのように管理するか

1. 品質のマネジメントにおける様々な実践指針の例

　品質マネジメントで日本の実務界に大きな影響を与えたのが米国のクロスビー，ジュラン，デミングである。まず，クロスビーは無欠陥を目指すことが品質マネジメントの目標であり，ここにおいて「予防は検査にまさる」と考えなければならないと提唱した。すなわち，会社は欠陥の予防を重視して，検査による欠陥除去よりも予防に注力しなければならないことになる。当然。そのためのコストは全社的コストとなる。

　また，ジュランは顧客満足を目指すことが品質マネジメントの目標であるとし，顧客満足とは要求事項への適合，使用目的への合致であると定義した[1]。

　しかし，何といっても大きな影響を日本のビジネス界に残したのはデミングといえよう。特にデミングは経営者が考慮すべきことは①顧客のニーズへの理解，②最終製品の品質目標と品質マネジメント手順の品質を設定することだとし，③製品品質と手順品質を達成するための環境の整備と④継続的な改善の実施を提唱した。そして品質管理コストの大半は経営陣が関与する品質マネジメントの向上に費やさなければならないとした。デミングの考えは，本国の米国よりも日本の産業界に広く浸透し，第二次世界大戦後の日本の製造業の発展に大きく貢献した。すなわち，全社的品質管理運動（TQC＝Total Quality Control）の日本産業界への広がりにつながった。

　ところで，ここで大学生が混同してしまう概念として「品質」と「グレー

1　"fitness for use" といわれている

ド」がある。ここで，整理しておきたい。品質と似た言葉として「グレード」（等級）がある。しかし，その内容は全く異なる。グレードは高級品，中級品あるいは汎用品，といった区分けであり，品質とは異なる。したがって「高級品だけれども品質が良くない」ということもあるし，「汎用品だけれども品質が良い」ということがあり得る。例えば高いお金を出して購入したブランド服が，縫製が甘くてすぐ糸がほどけてしまったら，「高級品だけれども品質が良くない」（高グレード低品質）となる。また，100円ショップで買ったボールペンの書き味がとてもよく，インクが使い切るまで長持ちしていたら，「汎用品だけれども品質が良い」（低グレード高品質）ということになる。後者はジュランのいう「要求事項への適合，使用目的への合致」が実現しているから「品質が良い」といえるのである。

2. 品質のマネジメントの業務プロセス

PMI®によるとプロジェクトマネジメントにおける品質のマネジメントは品質計画，品質保証，品質管理の3つのプロセスで構成される。

まず，品質計画はプロジェクトマネジメントにおける「計画」のプロセスで策定される。ここで，適切な品質水準を設定し，それを達成する方法を決定（組織，手順，プロセス，資源の記述）するのである。

次の品質保証はプロジェクトマネジメントにおける「実践」のプロセスで策定される。品質計画に基づいて，プロジェクト実施過程で乖離が生じていないように監視し，必要があれば是正を実行するのである。ここでは品質の監査[2]も行われる。

最後の品質管理はプロジェクトマネジメントにおける「監視・コントロール」のプロセスで実施される。ここでは品質基準を達成しているか否かを検

2　①法律で規定，②契約で規定，③資格を与える基準として規定されたものと照らし合わされながら品質面での実行がなされる。

査，未達成ならばその原因を調査し，取り除く。このときに用いられる統計的，論理的道具としてチェックリスト，ヒストグラム，パレート図，特性要因図，レーダーチャート，散布図，管理図のいわゆるQC7つ道具がある。そのうち，ここでは散布図，管理図，パレート図の3つの道具を**図表6-1**，**図表6-2**，**図表6-3**に例として示す。

◆ **図表6-1** ◆ 散布図
（成果物の品質のばらつきを相関関係で把握）

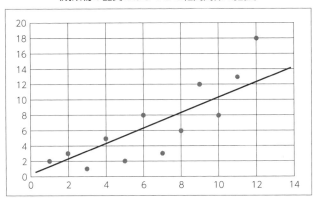

出所：筆者作成

◆ **図表6-2** ◆ 管理図
（成果物の品質のばらつきを中心線からの乖離として把握）

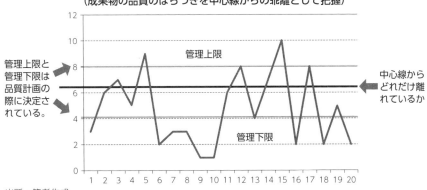

出所：筆者作成

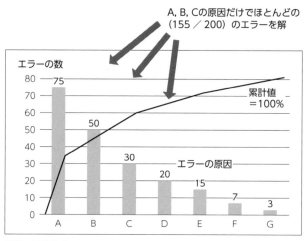

◆ 図表6-3 ◆ パレート図
（影響度の大きい原因から並べる）

出所：筆者作成

3. 品質のマネジメントへの日本企業の取り組みと世界への広がり

　プロジェクトの品質マネジメントにおいて品質のコストはプロジェクトでカバーする費用と会社が負担する費用に分かれる。プロジェクトの成果物の品質検査の費用は概ねプロジェクトチームコストになるが，会社全体で負担すべきコストには以下のものが考えられる。品質マネジメントにかかる費用，プロジェクトメンバーの品質関連研修費用，品質マネジメントの評価を行う費用，成果物の品質検査の費用（プロジェクトチームの費用になる場合もある），成果物完成後の品質を維持するための保守や整備に関わる費用である。

　次に不適合の場合の対応コストとしては手直しのための費用，追加の材料費などの費用はプロジェクトチームの費用となるが，完成後の廃棄費用，改造に関わる費用，補償やリコールの費用は会社の費用である。

　日本の製造企業における品質管理は概ね品質管理運動として全社的に行わ

れるのが普通である。すなわち，そもそも欠陥を出さない体制を確立しようとし，欠陥がでるのはそのような体制の構築が不十分だと考えて対応するということが常識になっている。したがって，品質のマネジメント関連の様々なコストが会社負担になっていると筆者は理解している。

　この例として最初に挙げたいのが，自動車メーカー，トヨタのカイゼン（生産現場における無駄の排除を継続的に実施する運動）や製造現場の進捗情報フローを重視したカンバン方式である。さらにトヨタは品質管理をコスト削減と生産性の向上に結びつけ，品質を向上させつつ，在庫ゼロを目指すJIT（Just-In-Time）を確立した。カイゼンやJITは今や世界中の製造現場に応用されている。この日本語は英語としても用いられている。今後はこれにロボットやICT（情報通信技術），AI（人工知能）などを取り入れてさらに発展していくと考えられる（**図表6-4**）。

　企業を超えた公的な品質基準としては日本工業規格や国際的なISO（国際標準化機構）が1987年に制定したISO9000番台の品質基準がある。このような現場の品質向上活動は世界中の生産現場に導入され，日本型生産方式は頂点（80年代～90年代）を迎えた。特に品質向上だけでなく，大量生産ライン上の在庫のゼロ化によるコスト節約と結びついたJITの方式は広く世界の製

◆ 図表6-4 ◆ 「日本発」の生産現場における品質改善手法

カイゼン	作業工程上の改善についての意見交換によって，改善提案を作業終了後に現場の作業者全員が行う。
QCサークル	品質改善を実施する小集団活動のことを全般的品質管理（TQC）という。当初は自発的な運動であったが，後に制度化する企業が増えた。
JIT	綿密な生産計画，後工程の情報を前工程にカンバン（表示板）で伝達。各工程の中間製品在庫を徹底的に管理し，必要最小限に抑制する。
製造現場の「自働」化※	異常の発生を管理者が発見するやいなや管理場所に急行し，コンベア停止を行い，すぐに原因追究，修復にかかる。発見には異常表示機（アンドン）を用いたシステムを活用。複数工程の自動ベルトコンベアを管理し，異常発生箇所に急行する「遊撃管理部隊」（主に管理者の多能工）の存在がある。

※　：人間の力で行うので「自動化」ではなく「自働化」と書かれる，といわれている。
出所：筆者作成

造業の模範となった。米国はこうした日本のマネジメント手法を参考にし，対抗するために「リーン生産方式」などを開発していった[3]。

　このように品質マネジメントは，日本においてのみプロジェクトマネジメントの中の知識分野として認識されているわけではなく，すでに諸外国でもオペレーション業務としての日々の製造業務の中で発展を遂げているのである。これはタイムマネジメントが日本の建設業界において1960年代ごろから，すでにクリティカルパス，PERTの技法として定着，発展していったのと同じである。

◆写真6-1◆ 2000年代後半の家電製造工場（ベトナム資本の工場）
（日本式管理手法が導入されていた）

出所：筆者撮影

　顧客の要求に合った品質が目指すべき「品質」である。実践的には品質の基準の案をスポンサーに提示し，合意を得たものがそのプロジェクトが目指

3　日本発の生産現場における品質管理手法は主にベルトコンベアを利用した多人数による大量生産のためのライン生産方式を前提にしているが，近年はベルトコンベアを用いず，少人数単位での多品種少量生産を指すセル生産方式も普及しつつある。

すべき「品質」となる。すなわち，自社とスポンサーとの合意が前提となる。この時，顧客は高い基準を要求してくるかもしれないが，自社としてはそれを予算との関係で明確にしなければならない。過剰品質では自社に赤字が出てしまい，ビジネスとして成り立たなくなる。また，社内プロジェクトの場合でも，「費用対効果」あるいは「投資対効果」ということを十分考えて過剰品質を避けるべきである。品質マネジメントとは製品やサービス等を経済的（「赤字を出さずに，費用対効果を考えて」という意味）に作り出すための一連の業務プロセスである。品質をマネジメントするために常に意識しなければならないのはスポンサーとの契約条件や自社がこだわる経営方針や品質目標である。

第Ⅱ部のまとめ

- 第Ⅱ部ではプロジェクトマネジメントの知識体系の世界的な標準として，PMI®が主催するPMP®試験で問われることが多いポイントを中心とした10の知識分野のうち，スコープ，タイム，コスト，品質という4つの知識体系を中心に説明した。

- スコープ（範囲）のマネジメントとは，作業範囲を確定し，管理するための知識である。特にプロジェクトの「立ち上げ」段階，「計画」段階に重要視される。最も経済的に最適なスコープを選択する場合は経済性分析（投資回収期間，ROI，B/C比率，正味現在価値，内部収益率など）が用いられる。

- タイム（スケジュール）のマネジメントとは，スコープマネジメントで定めた作業範囲を完成させるために必要な時間を見積もり管理するための知識である。WBS，クリティカルパス，クリティカルチェーン等が用いられる。タイム（スケジュール）遅れを取り戻す方法としてクラッシングやファストトラッキング等がある。

- コストのマネジメントとは，スコープマネジメントで定めた作業範囲を完成させるために必要な費用を見積もり管理するための知識である。見積もりにはトップダウン見積もり，ボトムアップ見積もりなどがあり，最終的にコストベースラインを策定する。

- 品質のマネジメントとは，プロジェクトのスコープが求める要求水準への合致，機能の合致を達成するための管理技術である。品質計画，品質保証，品質管理の3段階に分かれる。品質管理には「7つ道具」といわれる方法がある。日本企業では製造業などのオペレーション（定常）業務に幅広く採用され，全社的品質管理運動（TQC）が定着している。今後は広く製造業以外の業務の生産性向上に向けてプロジェクト業務にも広く用いられるようになろう。

第 **III** 部

プロジェクト利害関係者の協力を
引き出す

第7章

プロジェクト利害関係者（ステークホルダー）とどう関わるか

1. チーム内ステークホルダーとの関わり

　プロジェクトの内容が複雑化し，国境を越えてプロジェクトが行われることによるコミュニケーションの難度は格段に上がった。当然のことながら利害関係者（ステークホルダー）が増えてコミュニケーションも難しくなった。外部のプロジェクトマネジャーだけではない。内部のチームメンバーというステークホルダーとのコミュニケーションも難しくなっている。

　プロジェクトチーム内のステークホルダーはリーダーとメンバーである。リーダーを一般に「プロジェクトマネジャー」あるいは「プロジェクトリーダー」ともいうが，プロジェクトマネジャーはその時々に変わるメンバーを統率し，その時々に変わる目標の達成を，限られた時間と予算内に成し遂げることが求められる。よく知らないメンバーやステークホルダーとの仕事はストレスが大きく，コミュニケーションをとることは往々にして困難を伴う。また，その都度異なる目標（成果物）を課せられているので必ずしも，経験値が活かせず，不安も大きい。大抵は時間もコストもギリギリであることが多く[1]，そのため成果物の品質が劣化することもある。このように「つらい」プロジェクト業務において，プロジェクトマネジャーはどのようにしたら，高いパフォーマンスを上げることができるであろうか。そのカギはステークホルダーとのコミュニケーションにあると筆者は考える。ステークホルダー

1　筆者の経験ではスポンサーは常にぎりぎりの予算でぎりぎりの日程でプロジェクトをオファーしてくる。したがってプロジェクトマネジャーは戦略的に予算的バッファー（実質上の予備費）や日程的バッファー（予備時間）をスケジュールに潜り込ませる。これをスポンサーの不興を買わずに（了解を得て）やり遂げるのが良いプロジェクトマネジャーともいえる。

に含まれるプロジェクトメンバー（人的資源）に対する生産性向上のためにはどのようなコミュニケーションが有効であるか，という複合的な視角である，なぜなら実践の現場においてはこの問いが最も切実な課題だからである。

　一般に，ステークホルダーとどのように対応するかという実践的課題は，ステークホルダーの特定から始まり，それらの人々をプロジェクトの進むべき方向にいかに協力させていくか，ということである。これは優れてコミュニケーションの問題である。ステークホルダーの中で最も日常的にコミュニケーションを交わすのはチーム内の同僚である。プロジェクトマネジメントのマネジャーの観点からいえば，プロジェクトチームの中のプロジェクトメンバーである。ここにおけるコミュニケーションの善し悪しによりプロジェクトの成果物の出来不出来は決まるといっても過言ではない。コミュニケーションがうまくいけば，メンバーが動機付けられて，能力と同等あるいはそれ以上のパフォーマンスを発揮し，プロジェクトは成功する。個々のチームメンバーの動機付けだけではなく，チーム全体としての動機付けがうまくいけば，予想もしなかったほどの成功を収めるであろう。これがすなわち，チームの成長（デベロップメント）である。

2. ステークホルダーとコミュニケーションのマネジメント

（1）ステークホルダーの特定と情報提供

　プロジェクトマネジメントにおけるステークホルダーマネジメントの出発点はだれがステークホルダーなのかを特定することである。いうまでもなく，スポンサーや会社の経営陣（上司），プロジェクトのチームメンバーはステークホルダーである。直接的にプロジェクトに関わっているからである。難しいのは直接，日常的にプロジェクトに関わっているわけではないが，プロジェクトの成否に影響力をもっている人たちの特定である。

　この特定には2つの視点からの分析がある。「プロジェクトの成否に影響を与える権力の強さ／弱さ」と「プロジェクトに対する関心の高さ／低さ」である。いうまでもなく，プロジェクトの成否に影響を与える権力が強く，プロジェクトに対する関心の高い関係者が最も注意すべきステークホルダーである。また，プロジェクトの成否に影響を与える権力が弱く，プロジェクトに対する関心の低い関係者はさほど注意すべき関係者ではないであろう。この中間としてはプロジェクトの成否に影響を与える権力は強いけれどもプロジェクトに対する関心が弱い関係者，プロジェクトの成否に影響を与える権力は弱いけれどもプロジェクトに対する関心が強い関係者がいる。すなわち，権力―関心の2つの軸で関係者を4通りに分類することができる（**図表7-1**参照）。

　この4つの分類により，それぞれの関係者に対する対応の目標が定まる。例えば，①の最も注意すべき「プロジェクトの成否に影響を与える権力が強く，プロジェクトに対する関心の高い関係者」への対応は常に満足を得るようなコミュニケーションを追求しなければならない。断っておくが，これは「良い情報だけを耳に入れる」ということではない。

◆ 図表7-1 ◆ ステークホルダー分析マトリックス事例

会社での権限／関心度	当該プロジェクトに対する関心度が高い	当該プロジェクトに対する関心度が低い
権限が大きい	① 田中氏（業務部長：直属の上司）対応目標：満足の保持（報告頻度や情報量を多くする）	② 佐々木氏（企画室長）対応目標：確実に対応（報告頻度と情報量は事前に定めた通りに粛々と維持する）
権限が小さい	③ 鈴木氏（経理部長）対応目標：監視（報告頻度は事前に定めた通りに行うが情報量は多く与える）	④ 小林氏（広報課長）対応目標：報告の保持（情報頻度および情報量は必要不可欠なもののみにとどめる）

出所：鈴木（2014）より筆者加筆

　頻度の高い，きめ細かい情報を提供することや，イレギュラーな質問などにも直接出向いて行って丁寧な情報の伝え方をする，といったことである。

　また，②の「プロジェクトの成否に影響を与える権力は強いけれどもプロジェクトに対する関心が弱い関係者」に対しては確実な対応が不可欠であろう。重要な項目についての定期的な報告は出向いて行って確実に行うことである。③の「プロジェクトの成否に影響を与える権力は弱いけれどもプロジェクトに対する関心が強い関係者」は個人としてプロジェクトに大きな影響を与える力はないかもしれない。しかし，関心が高いだけに，強い権力をもつ他の関係者に働きかけて，その権力を行使させるかもしれない。したがって，注意が必要であり，監視を怠ってはいけない。④のプロジェクトの成否に影響を与える権力が弱く，プロジェクトに対する関心の低い関係者に対しては必要最小限の報告の保持で十分であろう。ただし，公式に報告を受ける立場にある関係者であろうから，定期的にフォーマットが定まった形の報告書を送付することは忘れずに行うべきである。

　このようにステークホルダーを分類し，その分類に基づいて対応の「目標」を定める。そのため氏名，氏名，職位，所在地，役割，連絡先のリストのような形で作成しておくことが必要である。ちなみにこのようなリストは個人情報であるため，取り扱いはルールを決めて厳重に管理される必要がある。

（2）ステークホルダーへの戦略的な働きかけ

　権力─関心の2軸で分類したステークホルダーの4つのタイプはプロジェクトが開始されても，それらがプロジェクトが完了するまで不変であると考えることは現実的ではない。プロジェクトの推移によりステークホルダーの関心度は変化し得る。また，長い時間を要するプロジェクトの場合，ステークホルダーの立場の変更（昇進，異動，降格）により権力の変化もある。こうした時間軸を考慮に入れた対応を行わないならば，ステークホルダーへのマネジメントは戦略性を欠くことになる。なお，関心の強弱の背景には公式

なもの（職務上の関心）と個人的な関心がある。個人的な関心であっても権力のあるステークホルダーの場合，対応には丁寧さが求められる。要するに関心の背景についての情報収集も怠ってはならない。

　さて，関心が低い関係者であってもその人が当該プロジェクトに極めて好意的な姿勢をもっているならば，「強い味方」になってもらう必要がある。そのためにどのように働きかけるかを考える必要がある。また，関心が高い関係者がプロジェクトに否定的な感情をもっていることがわかれば，せめて中立的な立場になってもらうことが必要である。否定的な感情をもっている人でも，その親しい友人がプロジェクトに好意的な関係者であり，その友人から説明してもらえば，否定的な感情を肯定的な感情に変化させることは十分あり得ることである。そのような関係を情報として収集し，積極的に面会するなどして協力を訴えるという働きかけやスキルもステークホルダーのマネジメントには欠かせない要素である。

　面識の薄い人から受ける情報や働きかけよりも親近感を感じている人からの情報や働きかけの方がはるかに効果的であるのは私たちの日常生活でもよく感じることである。親しい人はどのようなタイミングでどのような順番で働きかけたらよいかを経験的に知っているからである。また，その働きかけに対する反応をどのように読み解き，管理するかについても熟知しているであろうから，それ以降の働きかけに関して得るところが大きい。要するにコミュニケーションの要素が与える影響は大きい。

（3）ステークホルダーへのコミュニケーションコントロール

　それではステークホルダーとのコミュニケーションを円滑かつ有効なものにするためにはどのようにすればよいであろうか。実践的な視点から考えてみよう。日々変化していくプロジェクトの進捗情報を効果的に伝えるということが，ステークホルダーへのコミュニケーションにおいて最も難しいところである。すなわち，作業パフォーマンスの現状や変更要求について情報を

どのように伝えるか，ということである。すでにステークホルダー分析マトリックスの事例のところで見たように，ステークホルダーの影響力と関心度によって，「直接訪問して説明」，「電話で説明」，「電子メールで説明」などが考えられる。以上は一対一の個別対応を通じたコミュニケーションである。一対多，多対多の対応では「会議で説明」，「打ち合わせで説明」という方法がある。また，コミュニケーションの内容としては「要点を伝えるか」，または「詳細を伝えるか」という選択肢がある。関心の小さいステークホルダーに無理に「詳細を伝える」のはかえってミスリードを誘発する恐れがあるので気を付けなければならない。

　しかし，何といっても重要なのはステークホルダーとのコミュニケーションが一方的なものにならないように留意することである[2]。ステークホルダーからのフィードバックを受容し，それをこちら側がうまく管理することが肝要である。ステークホルダーとの双方向コミュニケーションを管理するためには，プロジェクトのコミュニケーションが円滑になるように組織的な枠組みを作って，コミュニケーションの公式ルート頻度を確立することが有効である。そのことを以下のケーススタディで考えてみたい。

2　電子メールのコミュニケーションの場合，受信側が受信したら送信側に「既読」とわかるようにしておくと便利である。

【ケーススタディとポイント】（その１）

　A社は株式市場の上場を数年内に控え，上場審査に耐え得る内部統制の確立を目指して，社内の様々な業務のあり方を改善している最中である。今年に入って，業務監査部から受注したプロジェクトへの直接人件費配賦システムに問題を指摘された。このシステムへのアクセス権限が明確でなく，プロジェクトチームのどの職位者に属するかが曖昧になっていたため，だれでもアクセスして，恣意的にプロジェクトコストを修正できるようになっている，とのことである。これでは全社の決算書作成に影響を与えるリスクがある。

　この指摘を受け，情報システム部はプロジェクト会計業務のすべてを洗い出し，財務諸表に与える影響に基づき，「至急改善」すべきものとして，取り急ぎ今年中に各プロジェクトチームの中に直接人件費入力業務担当者を決め，その担当者しかアクセスできないように専用のファイルサーバーを変更した。しかし，経理部からはプロジェクト会計の責任者はそれぞれのプロジェクトリーダーであるため，その承認を経たうえで担当者が入力すべきであるとの指摘がなされた。この点については業務監査室からも担当者自身が上位者の承認なしに直接数値を修正できる状態にあるのは，問題であるとの指摘を受けた。また，再度，経理部からは今年度の全社決算作業に間に合わせた対応が求められた。

```
┌─────────────────────────────────────┐
│　　　　特別プロジェクトマネジメント委員会　　　　　　│
│委員長：常務                                 │
│副委員長：情報システム部長                       │
│委員：業務監査部長                             │
│委員：経理部長                                │
└─────────────────────────────────────┘
                    │
┌─────────────────────────────────────┐
│　　　　　　社内特別プロジェクトチーム　　　　　　　　│
│（機能組織を横断したマトリックス組織型プロジェクトチーム）│
│                                          │
│―情報システム部課長（チームリーダー）              │
│―メンバー（業務管理室）                         │
│―メンバー（経理部）                            │
│―現場プロジェクトプロジェクトマネジャー（ユーザー）     │
│―現場プロジェクト人件費入力担当（ユーザー）          │
└─────────────────────────────────────┘
```

　こうした要求をすべて満たすためには，情報システムセンターだけの技術的な機器やシステムの微修正では不十分であり，直接人件費の入力と修正作業を経理部作成の全社財務諸表とつながった形で行わず，閉じた形で行うべく，今年中にシステムの変更を行うことになった。

　これは大掛かりな改編であり，業務監査部，経理部，各プロジェクトを巻き込んだ社内横断的なマトリックス組織型のプロジェクトチーム（後述）を立ち上げることが必要であった。早速，情報システム部長は業務監査室長，経理部長，そして自らからなる特別プロジェクトマネジメント委員会の立ち上げを経営陣から承認してもらい，その委員長として業務監査部，経理部，情報システムセンターを統括する常務取締役に就任してもらった。この下に，自らの部下である情報システムセンターの課長をプロジェクトマネジャーとする社内プロジェクトチームを招集したのである。

　特別プロジェクトマネジメント委員会を上位組織（方針，計画等大局的な事項の決定）と社内プロジェクトチーム（作業部隊）とする体制であり，この体制を図示すると以上の通りである。

ポイント

　上記のような体制を組んで，最も仕事がしやすくなるのはだれか？

出所：具志堅・葛西（2017）pp.387-388にもとづき筆者作成

　ここでのステークホルダーはこの体制のメンバー全員である。この組織図で明らかなように，この社内プロジェクトを牽引していくのは情報システム部長とその部下である情報システム部課長である。特別プロジェクトマネジメント委員会において，最も実務上の権限をもつのは経営陣の1人である常務（委員長）ではなく，実務的知見をもつ副委員長の情報システム部長であることは一目瞭然である。この情報システム部長の支持のもと，同課長は本件プロジェクトの目的，そして求められる成果（目標）を明確に記したプロジェクト憲章を経営陣（経営委員会）に承認してもらった。この憲章をもとに最初にキックオフミーティングを開催し，ステークホルダーに周知徹底することにした。また，その後の特別委員会への進捗報告や同委員会からの要

望や情報について社内特別プロジェクトチームの内部での情報共有と検討を
行い，同委員会にフィードバックを迅速に行った。同委員会に情報をフィー
ドバックする前には直属の上司である情報システム部長と事前にその内容と
頻度について十分なすり合わせを行った。コミュニケーションのルートと頻
度が確立し，機能したのである。

　こうした体制とそのための入念な細心の準備を経て，有効な情報がステー
クホルダーにフィードバックされ，プロジェクト遂行へのネガティブな介入
や影響を避けることができたのである。

第8章

コミュニケーションでチームを
どのように動機付けるか

1. リーダーシップの戦略的適用

　プロジェクトはプロジェクトチームを構成するメンバーによって実施される。プロジェクトチームは「恒常的業務の遂行は，固定的な経営組織によって有効に行われたが，プロジェクト業務の遂行は固定的な組織による場合には，十分な効果が期待できない場合がある。そこで，プロジェクトの特質に応じて，それぞれの専門分野からの職員を選抜して作業集団を形成しプロジェクト業務の遂行を割り当てることが必要になる。この専門家による作業集団を言う」と定義されている[1]。

　各メンバー個人が技術および知識に優れていれば成功するというものではない。プロジェクト失敗の原因には技術的・知識的要因の他に各メンバーの心の問題がある。心の問題はチーム内外の人間関係にも影響を及ぼし，プロジェクト遂行の効率や成果物の品質に影響する。

　例えば，チーム外に起因する問題には経営陣から受けるプレッシャーがある。予定よりも早期にプロジェクトを完成して，新規のプロジェクトに取り掛かるよう要求したり，複数のプロジェクトを同時並行で遂行することを求めるなどである。いずれも会社の経営業績への貢献を求めるものであり，本来個別プロジェクトの遂行に全神経を集中しているプロジェクトメンバーの努力を阻害こそすれ，助けるものではない。こうしたプレッシャーが頻繁に経営陣より与えられるならば，プロジェクトメンバーは精神的に疲弊するで

1　遠藤ほか（1968）に筆者加筆。

あろう[2]。

　また，チーム内に起因する問題はプロジェクトマネジャーとメンバーとの不仲，メンバー同士の不仲である。プロジェクトマネジャーとメンバーとの不仲の原因の1つにはプロジェクトマネジャーのリーダーシップスタイルとメンバーが求めるプロジェクトマネジャー像のミスマッチがある。リーダーとはビジョンと戦略を構築しながら，計画と遂行を担う存在である。メンバーがもつ心的ベクトルを調整・統制し，実行力によってメンバーのやる気を引き出し，プロジェクトの成果物の完成という方向に収れんする必要がある。そのためのリーダーシップスキルとして方向付けする力，促進する力，指導する力，支持する力，コミュニケーションスキル，交渉力，問題解決力が求められる。これはリーダーとしての資質に関わってくることであり，十分に身につけるためには経験と訓練を必要とする。ただ，そうした力があっても使うための状況を理解していないと逆効果である。

　経験豊かなメンバーに対して「俺の後についてこい」型のリーダーシップスタイルは状況とは整合しない。各メンバーの反発を招来するであろう。また，経験の浅いメンバーが多いチームに「皆はどう思うか」型の意見と自主性を求めるリーダーシップスタイルは時間の浪費であろう。「アイデアマン」型のリーダーシップは有言不実行や「思いつき」，「言いっぱなし」と見られ，信頼を失う場合がある。この他，「数字を達成しろ」型や表面的な規則の遵守をうるさく求めてばかりの「官僚」型では人はついてこない。他方，女性や若年者が多いチームは「細かいことに気を使ってくれる」型のリーダーシップは評判が良いかもしれない。

　いずれにしてもリーダーはメンバーに「奉仕する者」との認識に立たなければチームを育成することは難しい。「自己防衛的な管理者」になってはい

2　あまりにも多いプロジェクトの兼務やプロジェクト内担当の兼務はメンバーを疲弊させる。プロジェクトマネジャーのみならずメンバーにも経営的責任を過度に押しつけたり，顧客からの低品質・短期間要求を受け入れさせたりすることも良くない。さらには納得感やサポート体制を用意せずに，メンバーを不得意分野に無理やり投入するなどは避けなくてはいけない。要するにメンバーの精神状態を不安定にさせることは極力避ける方向にマネジメントすることが重要なのである。

けないのである。すべてに適応する「ベストリーダーシップ」というのは存在しない。チームの成員の経験，雇用条件，知識レベル，職務に対する考え方，精神的状況や身体的状況（プレッシャー，疲労等）を十分に把握し，最も効果的なリーダーシップスタイルを選択し，適用する必要がある。メンバーの経験値が未成熟なプロジェクトの初期段階と成熟してきている完了間際の段階では適切なリーダーシップが異なるかもしれず，その場合には，プロジェクトマネジャーはリーダーシップスタイルを変更することが必要である。

　また，メンバーが業務に集中できるためには職場の環境整備も重要である。細かいやり取りを繰り返して微調整をしながら進めていくプロジェクトにおいては全員が大部屋で作業することが効率的である。他方，いったん各個人に作業が割り当てられれば，後は集中するだけであるから窓付きの個室で各人が集中できる時間を作ることも大事である[3]。作業の「実行段階」は出社後15分程度のミーティング（「朝会」）をしてその日の作業目標を全員で確認し，その後は打ち合わせをせず，100％作業に集中する時間を確保するというやり方をしている会社も多い。やたらとメンバー全員を招集する会議を多く設定したり，コミュニケーション手段（書面・口頭，内部・外部，公式・非公式）を多様化させると，メンバーだけでなくプロジェクトマネジャー自身も混乱し，疲弊する[4]。リーダーシップはコミュニケーションに影響するこうした適切な環境を大胆かつ慎重に関係部門に要求し，整えることも含むと筆者は自らの経験から考える。

3　個室には電話や電子メールが届かないようにして，作業の中断を避ける必要がある。
4　メンバーが多いほどコミュニケーションのルートは増加し，プロジェクトの意思疎通は難しくなるから大きなチームほど気を付ける必要がある。

2. プロジェクトメンバーの動機付けに関する既存理論からの示唆

（1）マズロー理論からの示唆

　大学の人的資源管理論の授業では労働者の作業効率を上げるための動機付けに関して，伝統的な学説が教えられている。著名な学説としてはのちに，メイヨーなどによる「人間関係理論」に発展していったホーソン実験がある。また，現在でも企業の人事教育の考え方に影響を与えているマズローの「欲求5段階説」，マクレガーの「X理論・Y理論」，ハーズバーグの「動機付け・衛生理論」がある。マズローの欲求5段階説（**図表8-1**）は最も基礎的な要求である生理的欲求が満たされなければ人間は働けないが，それが満たされた後は安全の欲求を満たす必要がある。安定した環境がなければ，人はその能力を発揮する余裕すらない。さらにその欲求が満たされたのちには集団帰属の欲求が起こる。人は孤独では能力を発揮していけない。集団の中に身を置き，他者に貢献しているという手ごたえ，他者から関心を得たいという欲求がある。さらにこの集団帰属の欲求が満たされれば，他者から尊敬された

◆図表8-1◆ マズローの欲求5段階説

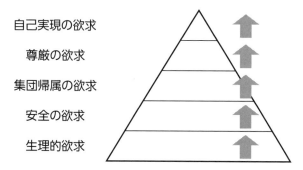

自己実現の欲求
尊厳の欲求
集団帰属の欲求
安全の欲求
生理的欲求

（矢印は上位の欲求が下位の欲求の土台となっていなければならないことを示す）
出所：筆者作成

いという尊厳の欲求が起こってくる。そして最も高度な欲求が自己実現の欲求である。「天職」と感じることができる仕事に従事しているときの満足感への欲求である。

　プロジェクトマネジメントにおいては安定した担当分野への任命が重要である。「安定」という意味はメンバーの特性と特技を把握して担当分野を割り当て，必要かつ十分な権限を付与し，サポートする環境を整えることである。プロジェクトメンバーはそれぞれの専門分野での専門家として，処遇されるということが，最も各メンバーに「自律性の感覚と効力感」を与え，強い動機付けを実現する環境である[5]。彼らはその専門的な仕事のパフォーマンスによって周囲から尊敬されれば，それをある種の「自己実現の瞬間」と感じるものである。プロジェクトマネジャーはメンバーを信頼し，忍耐強く見守ることが必要である。

(2) マクレガー理論からの示唆

　マクレガーの理論は労働する人間への異なる2つの仮定設定である。マクレガーは「人間の労働に対する本質的態度は労働を忌み嫌い，できれば手を抜いてやり過ごしたい」と仮定するX理論に対して，「人間の労働に対する本質的態度は，指示されずとも自発的に労働し，そこに成長の喜びを感じることである」と仮定するY理論を対置させている。実践的な人的管理においては前者の仮定に立てば，厳格な管理が必要になる。監視し，コントロールすることが必要である。職務をなまけた場合には，前もって定めた罰則を与えて，人間を半ば強制的に労働するように仕向ける。後者の仮定に立てば，納得した目標を設定させれば，それに従って人間は自発的に労働する。したがって，実践的には管理者はその目標がどれだけ達成されているかチェックし，未達成であればサポートするといった対応が重要になる。いわゆる，日本の企業でも幅広く用いられている「目標管理」（MBO：Management by

---

5　波多野・稲垣（1999）。

Objective）である。

　マクレガー理論のプロジェクトマネジメントへの示唆としては，明確な担当範囲（メンバーが担当するスコープ，ワークパッケージやアクティビティ等）の設定とプロジェクトマネジャーによる支援である，と筆者は考える。プロジェクト全体の進捗状況が芳しくないからといって，他メンバーの担当範囲を安易に手伝わせるなどということはこの本来の担当範囲のなし崩しの拡張になり，その結果，「目標管理」による評価は難しくなる。当該メンバーも「他人の作業範囲を急に手伝わされたから，自分の担当分野の出来具合に影響した。そのために評価が下がった」などと考え，モチベーションの低下につながる。担当範囲の急な変更や本人が得意ではない作業範囲をプロジェクトマネジャーの上から目線の思い込みに基づき，「教育訓練のため」などといい，本人が納得しないままに担当させることなどもこの種の失敗につながるであろう。

（3）ハーズバーグ理論からの示唆

　マクレガーと同様，ハーズバーグはマズローの理論を前提としてそれぞれ発展させたものといえる。まず，マクレガーはX理論の労働者にはマズローのより高次元の欲求を満たす施策が効果的であるが，Y理論の労働者には効果がないと主張する。ハーズバーグは人間を動機付けする要因は，加われば人間は動機付けられる要因（達成感，承認，範囲の拡大，権限の拡大，責任と昇進，成長感）となり，なければ動機付けが逆に下がってしまう必要条件としての要因，すなわち衛生要因（経営政策，監督，監督者との関係，作業条件）に分類されると主張した。実務的には前者はわかりやすいが，後者は今ひとつわかりにくい。労働を行うべき基礎的な要件が後者で，やる気を出させるためにはさらに前者の要件が必要であると，理解した方がよい。

　プロジェクトマネジャーあるいはプロジェクトメンバーの最大の目標は目の前のプロジェクトを成功裏に完了させることである。それに向かって心的

および肉体的エネルギーを収れんさせるのが良いプロジェクトマネジメントである。したがって，それを阻害するいかなる要因，特にプロジェクトチーム外からの干渉を嫌う。阻害されないことが十分担保されていることが重要であり，彼らにとっての衛生要因である。目の前のプロジェクトの作業が佳境に入っている最中に経営陣から，「会社の利益を増やすために新規プロジェクト獲得の営業活動をせよ」などの経営的見地からの介入がある場合，プロジェクトマネジャーあるいはメンバーのモチベーションは著しく低下するであろう。

　他方，目の前で手がけているプロジェクトに関する責任や使命感の付与等はそれが時間的，精神的な負担を増すものであっても，動機付けの要因となる。「このプロジェクトにおけるこれまでの働きぶりが認められている」との肯定的な承認やチームへの貢献ができているという効力感を覚えるからである。当然，自己成長感や自己実現感にもつながってくる。

(4) フォレット理論からの示唆

　フォレットは組織内での「命令」の効力の条件についての仮説を提起した。組織における命令が効果的に遂行されるためには「単なる作業を強制する」という形をとらずに，命令を受ける側が受け入れやすく自発的に遂行する形にしなければならないと主張し，そのための4つの原則を以下のとおり，提唱した。フォレットの「命令4原則」である。これは実際に組織でビジネスを行っている人なら，プロジェクトに限らず，思い当たる仮説である。部下に効果的に受け入れられるための命令は次のような条件が必要である。

① 命令を非人格化すること
　命令を上位管理職である個人が部下である個人に権威や圧力をかけて強制的に職務を実行させる，という形にしないことである。すなわち，組織としての状況が部下に職務の遂行を要請しているという形にして受け入れられや

すくすることである。また，部下の遂行に関しては関係者がしっかりと見守り，サポートするということも併せて伝えることが必要である。

② 命令を教育として伝えること

　その職務命令を遂行することに疑念がわかないように，「そうすることが当たり前である」という考え方を普段から教育しておけば，自発的にその命令を受け入れやすい。また，筆者の個人的経験においてもそれをすることが部下本人のためになるということを，教育を通じて理解させていることも重要であると思う。このことはやる気のある部下に対してであればあるほど，効果的である。すなわち，本人が教育によってこのことを理解していれば指示しなくとも，部下は違和感なく，その命令の内容を実行するようになるということである。

③ 命令の背景や理由を併せて説明すること

　これは①とも関連するがどうして部下がその職務を遂行することが必要なのかを丁寧に説明し，納得すれば命令の遂行に対して，モチベーションが上がる可能性が高くなる。いわゆる「なる程その通りだ」という納得感が必要なのである。

④ 命令の背後にある目的を伝達すること

　上記の①や③とも似ているが，その職務の目的を伝えることである。「何のためにやるのかわからない」と部下が感じれば，その職務をたとえ遂行したとしても「無理やりやらされている」という感情が残り，職務効率は落ちるであろう。それを防止するためには使命感が必要なのである。

　フォレットはこのように職務の背景，理由，目的の説明が上司から部下に伝わりやすくするようになっていれば職務遂行上の摩擦が抑制され，遂行が効率的・効果的になるとする。ここでは組織内・チーム内のコミュニケーシ

ョンの円滑化がポイントになる。また，これに関して，フォレットは組織内・チーム内の「調整」（直接的接触，早期調整，継続的過程の調整）が必要であると主張する。筆者としては「調整」はコミュニケーションであると考える。すなわち，フォレットは「関係者間の直接的なコミュニケーション」，「関係者間の早い段階でのコミュニケーション」，「関係者間の継続的なコミュニケーション」の重要性を主張していると理解する。ここで実践的に注意すべきであるのは「上から目線」のコミュニケーションにならないことである。プロジェクトメンバーは皆同じ成果物の創出を共通の目標とする「仲間」でありたい，と思っている。「同志」としての立場からのコミュニケーションのスタイルが必要である。優れたプロジェクトマネジャーはメンバーのフルネーム，趣味，背景，家庭環境まで詳細に情報を集め，1人ひとりを「理解」しようと努力する。このことによって，真の「同志」的コミュニケーションが成立する。

(5) ブルームの期待理論からの示唆

　ブルームはモチベーションを上げるためには頑張ればどのようなことが達成されるかという「期待」，その暁には次にどのようなものが待ち受けており（用具性），達成されたものが自分にとってどのような価値があるのか（誘因性）を明確に示すことによって職務に対するモチベーションが向上することを示唆した。これは，プロジェクトマネジャーの主観的な評価により，各チームメンバーの「頑張り」が過少，あるいは過大評価されないような客観的なルールを確立することによって効果をもつ。

　しかし，筆者の経験ではプロジェクトの遂行上の変更により最初に決めた客観的な評価の物差しが，やがて主観的な評価に歪曲（distortion）される場合がある。スポンサーなどの変更要求により，当初，重要であったはずの担当部門を担うメンバーの作業範囲の重要性が相対的に低下し，当初，それほど重要でなかったはずの担当部門を担うメンバーの作業範囲の重要性が上

昇した場合，客観的な評価ルールを再調整し，変えなければならないことがある。さもなければ，当初の重要部分の担当者のモチベーションは低下することになる。

　以上の動機付けに関する理論はプロジェクトマネジメントのチームを実行段階で育成していくためだけの理論ではない。定常業務（オペレーション）を含む組織一般の成員のモチベーションを上げるためにも用いられている理

◆図表8-2◆ プロジェクトマネジメントで参照される主な動機付け理論とその概要

- **メイヨー[1]のホーソン実験**
  作業効率は作業環境よりも人間関係・人間の意欲による影響が大きいことを発見し，人間関係理論へ展開した。また，管理者への教育も重視した。
- **マズロー[2]の欲求5段階説**
  生理的欲求，安全の欲求，集団帰属の欲求，尊厳の欲求，自己実現の欲求の順で欲求は高度化し，低い欲求が満たされれば，人間は，より高次の欲求を求めるとした。
- **マクレガー[3]のX理論・Y理論**
  労働を強いられたものとしてできるだけ逃れようとするタイプ（X理論）にはアメとムチによる管理が必要だが，労働を成長のきっかけとして自発的に取り組むタイプ（Y理論）には，目標による管理が有効であるとした（目標管理）。
- **ハーズバーグ[4]の動機付け・衛生理論**
  動機付け要因を以下の2種類のタイプに分け効果的に用いる必要性を示唆した。
  ◇動機付け要因：達成感，承認，範囲，権限の拡大，責任と昇進，成長感
  ◇衛生要因：経営政策，監督者の方針，監督者との関係，作業条件，報酬
- **フォレット[5]の命令授与4原則**
  命令を非人格化し，職能技術として命令を代替したり，命令に目的を伝達したりすることが動機付けとして有効であることを示唆した。
- **ブルーム[6]の期待理論**
  努力・成果と報酬が明確かつ客観的に（すなわち，恣意的にではなく，もれなく，自動的に，という意味）結びついていると人は動機付けられることを示唆した。

出所：筆者作成
※1：ジョージ・E・メイヨー（1880-1949）。米国の経営学者で人間関係学派を創設。
※2：アブラハム・マズロー（1908-1970）。米国の心理学者。
※3：ダグラス・マグレガー（1906-1964）。米国の経営学者，心理学者。
※4：フレデリック・ハーズバーグ（1932-2000）。米国の臨床心理学者。
※5：マリー・P・フォレット（1868-1933）。米国の経営学者，政治学者，社会活動家。
※6：ビクター・H・ブルーム（1932-）。米国の心理学者，経営学者。

論でもあり，ビジネス活動の現場で大変に重要な知識として覚えておきたいものである（**図表8-2**）。

3. プロジェクトチームの構造とコミュニケーション

　プロジェクトチームをその構造面から見た分類を試みるならば3種類に分かれる。①機能組織型（通常の機能組織を活用），②マトリックス組織型——「全社プロジェクト」，③プロジェクト組織型である。

　まず，機能組織型であるが，これは定常業務，すなわちオペレーション業務を遂行するために構築された固定された組織の内部につくられるプロジェクトチームである。**図表8-3**を例にとって説明すると，定常業務である製造と販売を行うセクション（製造部，マーケティング部）が営業本部の下に統括されており，さらにその下にそれぞれ，設計課，生産課，販売課が設置されている。プロジェクトチームはそれぞれの課の中に閉じていて，決して隣の課のメンバーを加えることはない。

　また，プロジェクトチームのリーダー（プロジェクトマネジャー）は日常の定常業務と兼務であり，予算や命令系統などのコミュニケーションのインフラも定常業務で用いているものの「使いまわし」である。したがって，プロジェクトマネジャーの権限は定常業務の組織の長である課長よりも弱い。なぜならば人事権，予算執行権は課長にあるからである。この形のプロジェクトチームを「機能組織型プロジェクトチーム」とも呼ぶ（**図表8-3**）。プロジェクトマネジャーの権限は弱いから，そのリーダーシップスタイルはいろいろな関係者の意見を聞き，その利害をバランス良くまとめながらプロジェクトを推進する「調整型」にならざるを得ない。プロジェクトマネジャーに付与される権限が最も弱いタイプである。そこで，このタイプのチームのプロジェクトのリーダーを「マネジャー」という呼称をつけず，「プロジェクト推進者」とする場合もある。

◆ 図表8-3 ◆ 定常組織の中のプロジェクトチーム
(機能組織型プロジェクトチーム)

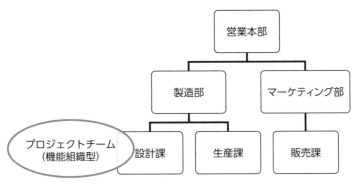

出所：筆者作成

　しかし，全社改革などの大きな社内プロジェクトの場合は他部署も加わった全社一体となった組織横断的なプロジェクトチームの設置が必要である。そのようないわば全社戦略に関わるプロジェクトチームには様々なノウハウをもった人材が必要であるし，また，全社的な情報を持ち寄って知恵を絞る必要があるからである。マトリックス組織型のプロジェクトチーム（**図表8-4**）である。このタイプのプロジェクトチームは全社横断的な組織であるから，後ろ盾として経営陣（役員）クラスが存在し，プロジェクトマネジャーは大きな権限を付与されているかもしれない。しかし，プロジェクトマネジャーやプロジェクトメンバーは依然として定常業務を担う組織の一員としても働いており，「兼務」の状態である。したがって，定常型組織の長である課長や部長という管理職（これを機能マネジャーという）の指揮を定常業務に限っては受けることになる。こうした環境のもと，機能マネジャーから指示された業務とプロジェクトの業務のいずれを優先して処理すべきか悩むことになる。

　会社員としての評価は定常業務についてより重みを付けてなされることが

◆図表8-4◆組織横断的なプロジェクトチーム
（マトリックス組織型プロジェクトチーム）

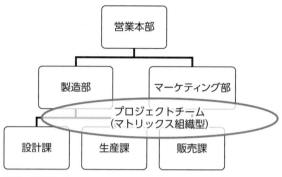

出所：筆者作成

多いだろうから，結局定常業務を優先することになるかもしれない[6]。この結果，プロジェクト業務は後まわしにされ，スケジュールは遅延するであろう。また，情報の報告などのコミュニケーションも機能マネジャーとプロジェクトマネジャーの両方に行われることになるため，メンバーのコミュニケーション負担も大きく，疲弊するであろう。このことから，マトリックス組織型プロジェクトチームのプロジェクトマネジャーは機能組織型プロジェクトチームのプロジェクトマネジャーよりも権限が強いが，絶対的に強いわけではなく，負担も大きい。ただし，最初に述べたように，経営陣の後ろ盾がある場合はより強くなる。

　なお，後ろ盾の他にプロジェクトマネジャーの権限を強めるものとしてレベルの高い専門知識，豊富な経験，高い技術，罰則に関する権限，プロジェクト業務に関する人事評価，高い職位，報奨を与える権限があり，付与されていれば，プロジェクトマネジャーの権限の強さは高まるであろう。プロジェクトマネジャーの権限は前述の機能組織型プロジェクトチームのプロジェ

6　定常業務は半ば永続的に存在するが，プロジェクトは期限付きの一過性の業務である。したがってプロジェクトチームはプロジェクトの成果物が完成すると解散される。現実問題として，メンバーが定常的な業務を優先する気持ちは十分理解できる。

クトマネジャーよりも強いが，後述するプロジェクト型プロジェクトチームのプロジェクトマネジャーよりも弱いため，利害関係者の意見を聞きつつ，場合によってはある程度付与された権限を使って，最後はバランスの良い決断をするという「調整型」のリーダーシップになる。そのため，このタイプのチームのプロジェクトのリーダーを「プロジェクトコーディネーター」と呼ぶことがある。

　定常型業務のための組織を下敷きにしてプロジェクトチームを設置するならば，常に機能マネジャーとプロジェクトマネジャーとの権限の相克は免れない。プロジェクトマネジャーの権限を絶対的なものにするためには，そもそも，はじめから組織をプロジェクトをベースにおいて設計すべきである。例えば，ITシステム構築会社（システムインテグレーター）において「病院建設のプロジェクトに特化した営業セクション」，「大学のITシステムを構築する営業セクション」などの組織を作ることである。

　この組織の場合，プロジェクト専業の組織であるため，定常的に存在する。したがって，管理職はプロジェクトマネジャーになることもできる。この結

◆図表8-5◆プロジェクト専業のプロジェクトチーム
（プロジェクト組織型プロジェクトチーム）

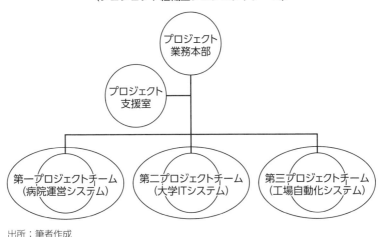

出所：筆者作成

果，人事評価権，予算執行権はプロジェクトマネジャーが握ることになり，メンバーはプロジェクト遂行だけに集中できる。仕事の優先度や報告などのコミュニケーションに迷いや負担・混乱はない。いわばこうしたプロジェクト組織型（**図表8-5**）において，はじめてプロジェクトマネジャーの権限は完全に保証されるといえよう。まさに，このタイプのチームにおけるプロジェクトのリーダーは本当の意味でのプロジェクトマネジャーといえよう。

4. チーム内対立の解消のためのコミュニケーション

　プロジェクトマネジメントチームの成員は大なり小なり，プロフェッショナルのメンバーとして選ばれたという自負があるため，それぞれの担当に関わるスケジュール，コスト，職務の優先順位，資源（予算配分等），技術的見解，事務処理手続き等の主張を曲げない傾向がある。いわば「職人意識」である。ここに「対立」の問題が発生する。なお対立の原因の中の「職務の優先順位」は特にプロジェクト内での異なる担当分野の兼務や他のプロジェクトの担当との兼務が背景となっていることも多い。職務の優先順位はあらかじめ決めておかなくてはいけない。また，プロフェッショナル意識の強さは，「個性」のぶつかり合いにつながることもある。

　PMI®のPMBOK®の整理によると，チーム内対立の解決法（解消法）のアプローチは以下のように5つある。

（1）強制（業務命令）による解消

　プロジェクト現場の最高責任者として，命令により強制的に解決を図るものである。時間的制約のもとで「とりあえず前に進む」には良いアプローチである。しかし，強制されたメンバーの心にはしこりが残ることになり，モチベーションの低下につながることがある。モチベーションの低下は「やる

気のない作業」,「創造性の欠如」,「注意力の散漫」を招き, 品質面での問題の原因になり得ることに注意しなければならない。恒常的な解決策としては推奨できない。

(2) 撤退による解消

　これはプロジェクトマネジャーとメンバーの間に意見の対立が生じた際に, プロジェクトマネジャーが意見を取り下げ相手に従うことである。これも, 時間的制約を重視した場合,「とりあえず前に進む」ためにはよいが根本的な解決ではない。特定のメンバー, 特に不平・不満の多いメンバーにとっては「ゴネ得」となるからこのアプローチを多用すると, 組織内の統制が乱れる。組織内の統制が乱れ, メンバー内に不公平感も惹起させる。筆者もプロジェクトマネジャーとして, このアプローチで苦労したことがあり, 経験的にこれも恒常的な解決策としては推奨できない。

(3) 鎮静による解消

　これは対立する両者がそれぞれの不同意点につき, 暗黙の了解を与える, あるいは放置しておくことである。短期的に問題が表面化することはないが, 根本的な解決ではないため, 何らかの場面で矛盾が露呈し, 問題が表面化する。鎮静による解消を使うべきか否かは, 不同意点がどれほどのインパクトをプロジェクトに与えるものなのかによる。ネグリジブルな（無視してもよいほど小さい）影響を与えるにとどまる点についての不同意であれば, プロジェクト完成まで, 乗り切れるかもしれない。プロジェクトへの影響を考えたさじ加減が難しいといえる対立の解消法である。時間が問題を解消してくれる場合もあるが, プロジェクトマネジャーには忍耐力が必要である。

（4）妥協（ギブアンドテイク）による解消

　対立点のうち，部分的に相手に譲歩する対立解消法である。双方が部分的に満足するため，限られた時間内の解決としてはよく採用される解消法である。しかし，相手に譲歩した部分が相手から譲歩された部分と同等の価値をもつものであるかどうかについて，吟味する場合には時間がかかる。その場合は，1回の交渉では終わらず，幾度かの交渉の機会が必要になるであろう。結果として時間がかかってしまうこともある。しかし，筆者の経験では，第三者の立ち会いの下で，明確な合意形成を経ておけば，後々トラブルが再燃しにくいと考える。

（5）対峙（止揚・昇華）による解消

　対立する両者が納得できる問題解決を追求し，見つけることである。最も望ましい解消法であるが，これは容易ではない。特にプロジェクトのように時間的な制約がある場合はなかなか採用しにくい解消法である。しかし，対立する原因が技術的なものであり，対立する双方に十分な人間関係ができ上がっている場合は，信頼感が醸成されているため，この解決法も不可能ではない。信頼感があれば対立点を「詰める」（すなわち，細部にわたって確認して相手が約束を守るように言質をとる等）必要がなく，大枠の合意に達した段階で，後は相手を信頼して物事を進める，ということができるからである。また，話し合っているうちに新たな第三の解決法が思い浮かぶ可能性も出てくる。この意味で「止揚・昇華」といってもよい解決法である。

5. プロジェクトマネジャーとチームメンバー間のコミュニケーション

　コミュニケーションは内容に加えて，タイミングが重要である。ステーク

ホルダーの間のコミュニケーションの手法をコミュニケーションの重要なタイミングに分けてみよう。プロジェクトの開始時に行う「キックオフミーティング」，重要なタイミングでの「中間ミーティング」，そして完了時の「ラップアップミーティング」である。以下の，それぞれのミーティングの目的とその意義を述べる。

（1）キックオフミーティング（Kick-off Meeting）

　一般に「キックオフミーティング」では，プロジェクトの背景，概要，目的，期間などの基本的な情報の共有，プロジェクトマネジャーの人柄や方針，メンバー間のネットワーキングが目指される目標である。したがって，できるだけ，対面，会話を心がけるべきとされる。プロジェクトマネジャーが率先して，積極的に会場を動き回ることが大事である。特に前述したマトリックス組織型のプロジェクトチームにおいては社内でも他の様々な部署からメンバーが集まっているので，まず面識を得ることが重要である。終了後は簡単な懇親会をセットするとより効果的である。

　途中任命のプロジェクトマネジャーが着任した時にも挨拶，自己紹介，前任者と管理方針が同じか，異なるかなど重要な点を伝えるための全体ミーティングとコミュニケーションが必要である。これはいわゆる「キックオフミーティング」ではないが，その目的の１つである信頼感の醸成を目指すという意味ではそれと同じような性格をもつコミュニケーションの手法である。

【ケーススタディとポイント】（その２）

　顧客のA社から在庫管理システム改修のプロジェクトの引き合いがあり，B社は公募による公開入札を経て，受注した。改修前のシステムを構築した会社ではないことから，B社はそれまでのシステムの経緯や特徴を一から調べ直したうえで，実行しなければならない。

　A社は近年，企業の経営統合（合併買収）をいくつも経てきた会社である。統合以前は２社に分かれていた。既存のシステムは２種類の系列のシステムが併存している。企業の統合のたびに，それぞれのシステムを使うA社内の現場担当者からは，使い慣れていない方の系列のシステムに対して「使い勝手が悪い」などの不満が渦巻いている。今回のプロジェクトは既存の２種類のシステムによって生じている使い勝手の悪さを取り除き，A社グループ全体としてシステムの標準化を行うことである。現場担当者を入れた作業メンバーは10か所のオフィスに散らばって業務を行っており，総計30人に及ぶ。もともと統合前の異なる会社に属していたものも多い。B社のプロジェクトマネジャーはキックオフミーティングを開催し，プロジェクトについての共通認識を形成することとした。

ポイント

　この場合，キックオフミーティングをどのような形で開催すべきか，を考える必要がある。A社が経営統合して会社であるため，システムや社員の行動文化などが異なっており，さらにオフィスの場所も分散している。そうした点も考慮に入れながら考えなければならない。

出所：富士通株式会社PMコミュニティ「実践的PM力向上のための問題集検討」WG（2016）をもとに，筆者の経験を加えて加筆修正

　上記のケーススタディのポイントを検討するには，統合前の会社から引き続く２つの問題があることを念頭に置く必要がある。それは，まず第一に，異なる２つのシステムが併存しており，それが現場にある種の混乱を生み出しているということである。第二に異なる企業文化，管理思想，作業手順を教育されて，脳裏に焼きついている２つのグループが同僚として日常業務を行っているということである。このうえで，この度のシステム改修プロジェクトのリーダーとなったB社のプロジェクトマネジャーはA社の社員の信頼感の醸成を図っていく必要がある。

　キックオフミーティングの方法としては，昨今のテレワークやリモート会議の普及をふまえると，以下のような形態があるだろう。

① 全員の対面と会話によるキックオフミーティング

　対面と会話によって統合前の意識の不統一が改善される。したがって，全員を招集し，統合後の新しい本社ビルでキックオフミーティングを実施することが効果的であろう。

② 全員参加のオンラインによるキックオフミーティング

　統合前の意識の不統一の改善には効果的であるが，その効果の程度は①の対面と会話によるものよりも限定的である。個人対個人のコミュニケーションがなかなか成立しづらく，プロジェクトマネジャーからの方針説明や自己紹介に終わってしまいがちだからである。終了後の懇親会も不可能である。ただ，参加者の時間や交通費等が節約でき，経済的であるという面でメリットはある。

③ 各オフィスをプロジェクトマネジャーが巡回して実施するキックオフミーティング

　プロジェクトマネジャーによるオフィス現場の実態把握に役に立つという点と各オフィスのメンバーの通常業務の邪魔にならないという点でメリットがある。プロジェクトマネジャーは旧システムの「使い勝手の悪さ」を直接目にすることができる。

④ 旧2系統のシステムの代表2名を本社に招集して実施するキックオフミーティング

　旧2系統を熟知したリーダークラスのメンバー2名が代表になると考えられるから，技術的に深い議論になり，B社のプロジェクトマネジャーとしてはかなり勉強になる。しかし，現場の「使い勝手の悪さ」を把握することができるかどうか疑問である。なぜなら，両名は立場上，それぞれの旧システムをこれまで推奨してきた技術的リーダーであろうから，その旧システムの「問題」をあまり報告しようとしないかもしれない。また，本来のキックオ

フミーティングの目的であるメンバー1人ひとりとのプロジェクトの背景，概要，目的，期間などの基本的な情報の共有はできず，またプロジェクトマネジャーの人柄や方針を伝え，メンバー間のネットワーキングによって信頼感を醸成することができない。経済的かつ省力的であるが，キックオフミーティングの後に実施する個別の中間ミーティングとして行ってもよいミーティングスタイルである。

(2) 中間ミーティング（Mid-term Meeting）

あまり全員を巻き込まずに，具体的で絞り込まれたテーマを掲げ，それに関与するメンバーだけを集めるべきである。主な例として技術面の問題，進捗の問題，予算消化状況の問題，調達管理の問題，変更管理の問題などに対する情報および意見交換の場としては用いられるべきであろう。

全体ミーティングを過度に開催しないのには理由がある。プロジェクト作業効率を落とすからである。作業に集中するためにはコミュニケーションを遮断する必要がある場合もある。電子メールや電話も一定時間遮断する必要がある。そのための最善のコミュニケーション環境は個室である。また，逆にチームは非常に関連する重要で微妙な作業を遂行中であり，調整と打ち合わせが重要になっている場合は，非公式で突発的な意見交換，打ち合わせがむしろ必要である。そのための最善のコミュニケーション環境は同一部屋での作業である。

中間のミーティングとしてはチーム内メンバーとのコミュニケーションだけでなく，アウトソーシング先とのコミュニケーションもある。例えば，プロジェクトの一部を請負契約でアウトソーシングしている会社から，そのメンバーの作業の進捗状況において何らかの問題が生じ，スケジュールが遅延しそうだとの連絡を受けたとしよう。その場合，プロジェクトマネジャーは当該メンバーの作業効率を上げるために，そのメンバーと直接コンタクトしてミーティングを開くことはできるものの，直接具体的な作業を指揮命令す

ることはできない。請負契約においては発注者が受注者側の作業者に対して，直接指揮命令をすることはできないからである[7]。この場合あくまでもアウトソーシングの受注者である相手の会社の窓口を介して，改善への要望を伝えるしかない。アウトソーシング先とのコミュニケーションは契約形態など法律問題も関係するため，注意が必要である。

（3）ラップアップミーティング（Wrap-up Meeting）

　ラップアップミーティングはプロジェクトが完成した後の「締め」のミーティングである。参加者はプロジェクトマネジャーとプロジェクトメンバー，そしてチームの所属チームの上司（プロジェクトオーナー）であることが多い。

　このミーティングの主な目的は「反省会」である。といっても何も失敗談を披歴して，皆を暗くすることではない。失敗談および成功談を披歴して，それらの原因を究明し，今後の業務に活かすためである。したがって，客観的な情報と意見を持ち寄って，組織の経験としてアーカイブにするわけである。この趣旨から，失敗したことについてその責任者を糾弾したり，その責任を追及したりすることは厳に慎まなければならない。また，チームメンバーが社内の正社員ではなく，このプロジェクトのために契約社員として参加している場合は，そのメンバーの貢献を賛えるとともに，「推薦書」を書き，そのメンバーの再就職を支援することもプロジェクトマネジャーの重要な役割である。こうした一連の作業が終わったら，メンバー全員で「打ち上げ」をすべきである。これによって，人間対人間として，お互いを誉め合い，達成感を共有する。このような場面を設定することによって，個人的な信頼感を醸成し，次のプロジェクトの際にも同じメンバーを組もうという気持ちになるのである。「あの人とまた組んでプロジェクトができる」という気持ちは大きなモチベーションになる。

7　請負契約の他に委任契約，派遣契約があるが受注先のメンバーに発注元が直接指揮命令をすることができるのは基本的に派遣契約のみである。

　しかしながら，筆者はこれまで多くのプロジェクトに参加してきたが，このような「打ち上げ」の機会が常に設けられていたかというと，残念ながらそうでもない。それは，会社としての利益目標が高すぎるために，プロジェクトマネジャーだけでなく，プロジェクトメンバーも複数のプロジェクトを兼務しており，1つのプロジェクトが完了したとしても，その他のプロジェクトの進捗に追われて，ラップアップミーティングとその後の打ち上げなどに費やす時間を惜しんで，参加したがらないからである。こうしたことが，やむを得ない場合に起こるのは現実的には仕方がないといえるが，現代の日本のプロジェクトにおいては常態化している。嘆かわしいことである。特に外部のクライアントから受注したプロジェクトを多くかかえて，それをビジネスとしているコンサルティング会社等に多く見られる。

　せっかく高いスキルをもって入社し，多くの有意義なプロジェクトに参加しても，自分の担当する担当作業だけに集中し，その工数（作業時間）分のみに基づいて評価され，プロジェクトが完了したら解散するだけのプロジェクト組織であるならば，チームといってもそこに，いわゆるマズローの「集団帰属の欲求」，「尊厳の欲求」は現実問題として存在することもなく，モチベーションは上がらず，品質の良い仕事をするメンバーは去り，社外に少なくなっていくであろう[8]。プロジェクトマネジメントを単に管理手法として矮小化させず，人を成長させるための教育手法としてもとらえていくことが，長期的に効果の大きいプロジェクトを仕上げられる組織を作り上げていくことになるのである。

　以上のようにプロジェクトにおけるチームメンバー間のミーティングはプロジェクトの進捗状況やコストの状況，スポンサーからの変更要求などの技術的・事務的な情報交換と共有にとどまらず，各メンバーの能力を十分に発揮させるためのモチベーションや信頼の醸成に不可欠の役割を果たす。近視

---

[8]　筆者もコンサルティング企業に勤務していたときに多くのプロジェクトに参加したが，優秀な若いメンバーが4〜5年程度で職を辞していったのを目の当たりにしている。人格能力とも優れた人材を採用しながら，このように去られるのは中長期的にプロジェクトを生業としている，業界の企業にとっては大きな痛手である。

眼的な当面のプロジェクトの成功のみならず，中長期的な意味でも非常に重要であり，これを軽視する組織はやがて大きな問題に直面することになる。次のケーススタディにはその事例を挙げて考えてみよう。

【ケーススタディとポイント】（その3）

プロジェクトのプロセス毎の経緯は以下の通りであった。

【プロジェクトの立ち上げ】

コンサルティング会社Aは顧客（スポンサー）から東南アジア4か国（フィリピン，マレーシア，インドネシア，ベトナム）における新製品の市場調査の引き合いを受けた。顧客から提示されたのは総予算1600万円の一括請負契約で期間4か月である。成果物は4か国の市場それぞれの市場調査データとその分析レポートである。顧客は過去の実績により，A社を非常に信頼していた。加えて納期が短いことを理由に，入札を経ずに随意契約をオファーしてきた。成果物の仕様は以下の通りである。

① 各国政府の新製品（外国製品）に関わる規制（外資関連法，消費者関連法，環境関連法等）を調査してほしい。
② 各国市場での競合状況と競合製品それぞれのマーケットシェアを調査してほしい。
③ 各国市場における外国製品の参入経緯を調査してほしい。
④ 進出するにあたって，各国政府の担当窓口との手続きを調査してほしい。
⑤ 進出するにあたり，有効なサポートを提供してくれるキーパーソンの情報を含めてほしい。
⑥ 成果は社内のマーケティング部門の資料とするので日本語の紙ベース200ページ程度で作成し，ビジネスマン向けの実践的な書きぶりにしてほしい。なお，納入後，マーケティング部から追加の質問や付加的な情報依頼が届くかもしれないが，よろしく対応してほしい。
⑦ 成果物の内容を当社の海外部門でも参考にするかもしれないので，海外配布する可能性もある。その時は英訳版も予算内で増刷してほしい。また，社外取締役の大学教授も関心をもっているので，日本語ともどもアカデミックな批判

にも耐えられるようにしてほしい。

　A社のプロジェクトマネジャーに指名されたB氏はこの案件について受注するか否かの判断をA社上層部から求められたが，受注ノルマに追われていたB氏は一も二もなく即座に受注の意思をスポンサーに伝え，上司には事後報告とした。上司も「君に任せるよ」ということだったので，契約書も定型的なフォーマットを用い，即座に受注契約を締結した。

【プロジェクトの計画と実行】
　B氏は早速，計画プロセスに入った。知識分野毎の対応は以下の通りである。

- スケジュールについては期間の短い小規模プロジェクトなので，顧客報告の日程のマイルストーンのみを設定し，ガントチャートは作成しなかった。コストは自らの経験に基づき，受注金額1000万円になるように人件費，出張費，外注費を大体の目安で作り，利益が会社のノルマである10％である100万円を確保するように数字を作った。
- 人的資源についてプロジェクトマネジャーである自分の他に新人1名（正社員），OB社員（契約社員），顧客との連絡係として普段はプロジェクトの現場にいない営業部員1名をプロジェクトメンバーとして配置した。
- 調達計画としては信頼できると評判の現地会社に随意契約でアウトソーシング。アンケート項目とインタビュー項目を作成し，その実施を全面的に任せた。
- リスク計画については経験のある分野なのでほとんどリスクはないと考え，発生したら，その時に対応策を考えることにした（消極的なリスク受容策）。
- 品質基準は事前に設定しなかったが，顧客とコミュニケーションする中でその都度要求される追加要求に応えることを「良い品質」と考えた。
- コミュニケーション計画についてはプロジェクトの納期がタイトであるので，会議や報告会，打ち合わせ会については決まった日時や頻度を決めず，随時メンバーと電子メールで報告・相談することで代替することにした。
- ステークホルダー計画についてはチームと顧客だけを対象と考えた。その際，ステークホルダーの影響力，関心度については考慮しなかった。
- 統合管理（変更管理）については顧客からの電話やメールに真摯に対応するということを信条としているため，それらを通じて要求があった場合は極力対応することにした。この点についてはチームメンバーにも徹底した。

【プロジェクトの監視とコントロール】

　開始から2か月後に途中の進捗経過をチェックしたところ，予定された成果50％分に対して，600万円が完成していたが，この時点での支出は900万円であった。

【プロジェクトの終結】

　プロジェクトの終結は大幅に遅れ，納品前にメンバーは解散して，他のプロジェクトに移った。最後はプロジェクトマネジャー1人で終結した。

ポイント

　このプロジェクトが遅延したのは計画と実行にどのような問題があったからであろうか？考えてみよう。

出所：筆者作成

6. チームデベロップメントとコミュニケーションにおける実践的課題

　プロジェクトチームを成長させながら，プロジェクトをスポンサーの要求通りに完了し，納期までに成果物を納入するのは至難の業である。プロジェクトメンバーはそれぞれ，異なった専門分野をもつその道のプロである。プロであるだけに，それぞれが，プライドをもち，仕事を行うことを望んでいる。個性の強さがその能力の高さと比例していることも多い。それだけにプロジェクトマネジャーが円滑にコミュニケーションをそれぞれのメンバーと取っていくに際しては，まず大前提として相手を尊重しなければならない。

　最近では，メンバーの中に外国人がいることもまれではない。同じ日本語を話す留学生経験者の外国人であっても日本人と同じ思考様式をもっているわけではないし，ましてやITソフトウェア業界で常態化しているオフショア開発（開発業務の一部のプロセスを海外の技術者にアウトソーシングすること）では本当の意味で細部にわたる技術的問題やスケジュールの進め方，品質管理の仕方において同じ考え方であることはまずない，といってもよい。そのためオフショア開発にはブリッジSEといわれる本国と受注アウトソー

シング先の外国企業の間の作業調整をする役割がある。新型コロナウイルスが引き金を引いたといわれるオンラインによるコミュニケーションの急速な拡大により，こうした文化的な差異を理解しながらプロジェクトをコントロールする難易度は格段に上がったといえよう。

　こうした課題の解決策としては，技能水準を重視するのはもちろんだが，それにあまり拘泥せず，技能水準よりもコミュニケーション能力をより重視するというやり方もあろうかと考える。少々，技能レベルが劣っても，コミュニケーション能力が高く，文化的差異をうまく調整し，最終的な目標であるスコープ，スケジュール（納期），品質，そしてコストという中核的な価値に値する意見の一致に達しやすいメンバーで構成されたチームの方が効率的な場合もある。プロジェクトは新しい発見をするためにあるわけではないし，チームメンバーのプロフェッショナル的な満足感のために行うものでもない。スポンサー（クライアント）と合意した要求事項を達成することが最終目標だからである。その意味ではプロジェクトマネジャーを支えるサブマネジャークラスに経験豊富な専門家を置き，計画通りのコントロールは任せ，プロジェクトマネジャーはある種の「遊撃隊」として，問題のある場所に走り，1つひとつ解決していくべきであろう。このような「モグラたたき的な」コミュニケーションこそが実際のプロジェクト遂行上の実践的行動として必要である。プロジェクトマネジャーはその意味であらゆることを見なければならないから，プロジェクトの具体的な作業を兼務しないようにしなければならない。全体を見る注意力が失われるからである。また，冷静に平常心でのコミュニケーションを保つためにも日頃の心身のケアは必須である。所属組織（会社）としてもプロジェクトマネジャーをケアし，サポートする機能をプロジェクトマネジメントオフィス（PMO）にもたせることがよいと考える。

　巨大なインフラプロジェクトやIT産業の急速な発展を背景に，近年プロジェクトマネジメントの知識の普及を図っている中国においてもPMOの働きを重視しているように見受けられる。王樹文編著の『PMP®考試通関宝典』

はPMBOK®ガイドからの引用として，PMOの果たすべき役割を以下のように簡潔に述べているので紹介したい。

　「PMOはプロジェクトに関連するプロセスの管理，標準化，資源，方法論，ツールと技術を共有する一部門である。PMOの責任範囲は企業によって異なるが，プロジェクトマネジメントのサポート業務を行う。しかし，それに加えて1ないし複数の個別のプロジェクトのマネジメントに関与することもある。

　PMOには3つのタイプがある。すなわち「サポート型」，「コントロール型」，「指令型」である。サポート型PMOの役割はアドバイザー的な役割であり，プロジェクトに対し，プラットフォーム，ベストプラクティス，研修や他のプロジェクトの情報や経験・教訓を提供する。コントロール型PMOはサポートだけにとどまらず，プロジェクトからの様々な要求に対応する。例えば，プロジェクト管理手法の採用や特定のプラットフォーム，スタイル，ツールを投入し，コントロールに関わってゆく。指令型PMOはプロジェクトの管理とコントロールに直接関わってゆく。[9]」

　また，同書ではさらに，このPMBOK®ガイドの紹介に比較的長く，次のようなコメントを加えている。

　「この3種類のPMOのどのタイプを採用すべきかについては特に明確な基準があるわけではない。それぞれの企業の管理ニーズ，戦略目標の進捗を考慮して決めるべきである。サポート型PMOは個別プロジェクトに対し，コントロールレベルが最も弱く，（中略）コントロール型PMOは提供したプラットフォーム，ベストプラクティス，研修のサポートをするだけでなくそれが実際に効果を上げているかどうかを測定する。指令型PMO

9　王（2015（原出所『PMBOK®ガイド（第五版）』pp.10-11））。筆者が日本語訳

は直接，個別のプロジェクトマネジメントに介入する。[10]」

　筆者の経験では日本では個別プロジェクトが大変なトラブルに陥らない限り，PMOがプロジェクトのマネジメントに介入しない。PMOといえば大抵サポート型，コントロール型がほとんどであると考えられる。他方米国のPMP®受験指南書では「PMOは調整マネジメントをプロジェクト（プログラム）に対して実施する機関である。（中略）企業の中にPMOが設置されている場合はプロジェクトの成果に対して直接もしくは間接的に責任をもつ。その意味でPMOはプロジェクトのステークホルダーである[11]」と簡単に述べられている。

　PMBOK®では著名な動機付け理論のエッセンスを実践的ツールとして言及するが，筆者の経験では長期間かつ複雑なプロジェクトの場合，心理学的な知識もツールとして活用する必要があると考える。各メンバーが過度のストレスやプレッシャーから陥る心理的な要因による問題にも対処しなければならないからである。例えば無力感やうつ的な気分による効率低下，他メンバーに対する疑心暗鬼，不信感，ハラスメントによる協働作業の不成立などである。

　一般的にはプロジェクトメンバーは選び抜かれたプロフェッショナルのはずである。しかし，彼らの仕事は常に時間的，予算的プレッシャーの圧力なべの中で行われているがごとくであり，精神力がしばしば減退することもある。フロイトによれば精神力は力がよく統制され，自我によって統一されているときに存在する，という趣旨のことをいっている。これは個人に対する仮説であるが，プロジェクトマネジメントにおいても十分当てはまる。

10　王（2015）。筆者が日本語訳
11　Sanghera（2006, p.3, p.35）.

第Ⅲ部のまとめ

- プロジェクトマネジメントにおいてコミュニケーションの問題は最も難しい問題の1つである。本部でも述べたように外部ステークホルダーとのコミュニケーションと内部ステークホルダーとのコミュニケーションではその質的かつ量的な情報の発信量と受信量に大きな差がある。

- 外部ステークホルダーに対するコミュニケーションの目的は主にプロジェクト促進に対する抵抗を少なくすることに主眼がおかれるのに対し，内部ステークホルダーに対するコミュニケーションの目的は，関係者（プロジェクトメンバーや組織内の上司，すなわちプロジェクトオーナー）がもつ様々な心的エネルギーのベクトルを統合・制御し，プロジェクトの成功裏の完成のために集中することである。

- プロジェクトメンバーの様々な個人のもつエネルギーについて，それは肉体的なものであれ，精神的なものであれ，その状態を極力，把握し，その状況にあった形で統合・制御する必要がある。その統合・制御をオーケストラの指揮者のごとく行うのがプロジェクトマネジャーであり，極めて難易度の高い業務であるといっても過言ではない。

- プロジェクトメンバーの心理的な力（量）とベクトルを統制することがプロジェクトマネジャーのコミュニケーションに求められている。この意味で，プロジェクトマネジメントにおける実践的課題の中でもステークホルダーとのコミュニケーション（特に内部ステークホルダー）とのコミュニケーションはプロジェクトマネジャーにとって最も難しいものである。

第Ⅳ部

プロジェクトから
「意外性」を排除する

第9章

プロジェクトにおけるリスク管理のプロセスをどうするか

　まず，はじめにプロジェクトに関わるリスクマネジメントの基本的な内容を述べることとする[1]。計画プロセスにおけるリスクマネジメントの計画策定は①「リスクの識別」，②「定性的なリスクの分析および定量的なリスクの分析」，③「リスクの分類と絞り込み」，④「リスク対応案の策定」の流れからなる。

1. リスクの識別

　リスクの識別は当該プロジェクトに関連するリスクを洗い出すことである。どのようなリスクを考慮しなければならないのかについて洗い出すためには，過去の類似プロジェクトを参考にすることが最も近道である。経験者からの様々な意見は貴重なデータベースであるから，ブレーンストーミングやデルファイ法を用いることがよく行われている。ブレーンストーミングが関係者間の自由な意見の発出と交換であることは説明を要しない。できるだけ，立場の違いを超えて自由に意見をいえる雰囲気を作ることが重要である。プロジェクトマネジャーは司会役として，参加者に公平な発言機会を与え，表出された意見については同等に尊重して取り扱うことが大事である。

　デルファイ法はマーケティングの調査でもよく使われている手法である。すなわち，専門家に対するアンケート実施し，その結果をまとめて再度専門家にフィードバックし，意見を調査するというプロセスを繰り返す手法であ

1　鈴木（2013）を参考にした。

る[2]。デルファイ法は，幅広いが表面的な回答に陥りやすいアンケートと，深い見解を聞き取れるものの回答者の回答は非定型で比較分析することが難しいインタビューの，双方のデメリットを相殺することができるという長所がある。プロジェクトマネジメントにおけるリスクは負の影響を与えるものだけでなくプラスの影響を与えるものも含む。したがって，そうした観点を含むSWOT分析という形でリスクを識別することもある。

　筆者の経験では一般的にプロジェクトは時間的制約に追われているため，プロジェクトを遂行するチーム（プロジェクトチーム）内のメンバー間でブレーンストーミングによってリスクを識別されることが多い。この手法が最も時間節約ができ，また，その後も一緒に作業をする仲間であるため，リスクが実際に発生した場合でも対応する際のコミュニケーションが円滑となるからである。外部の専門家からの意見だけに頼っていれば，プロジェクトが開始されて以降に問題が発生しても，その専門家とコミュニケーションをとることが難しく，また，外部であるがゆえにその専門家はプロジェクトに対するコミットメントが弱い。したがって，想定したリスクが現実のものとして現れても，それへの対応作業において懸念が残ると考える。

2. 定性的なリスク分析および定量的なリスク分析

　関連するリスクを識別した後は，それぞれのリスクに対し，類似リスクの経験者や過去のデータにより，大まかな「発生確率」（probability）を想定する。これが定性的なリスク分析である。さらに，同様に類似リスクの経験者や過去のデータにより「影響度」（impact）を見積もる。「影響度」とはコスト，期間，品質に対する影響度である。例えば，コストであれば，そのリスクが現実のものとなったときにどれくらいコストが増加するか，などで

2　デルファイ法はマーケティングの「市場予測」などに用いられる。

ある。期間や品質は「定量化」しにくいが，それぞれの期間が延びたときの
追加コストや品質の劣化を修復するためにいくらコストがかかるかなどの観
点で数値化できる。これによって**図表9-1**のような「確率―影響度マトリッ
クス」（Probability-Impact Matrix）ができ上がる。一般的に識別したすべ
てのリスクに対応しようとすると，予算がいくらあっても足りない。したが
って，この「確率―影響度マトリックス」から優先的に対応するリスクを絞
り込み，見極めることになる。

◆ **図表9-1** ◆ **「確率―影響度マトリックス」（Probability-Impact Matrix）に
よる識別されたリスクとその影響度の期待値**

コスト影響度	リスクa 発生確率10%	リスクb 発生確率40%	リスクc 発生確率80%
100万円	コスト増の期待値 10万円		
75万円		コスト増の期待値 30万円	
25万円			コスト増の期待値 20万円

出所：筆者作成

　次に，対応するリスクを分類し，絞り込む。対応するリスクとは「確率―
影響度マトリックス」で期待値が最も大きいものとなる。以上がリスクの定
性，定量分析である。

3. リスクの分類と絞り込み

　図表9-1の事例を見ると，リスクaが最も発生確率が小さく（10%），続い
てリスクb（40%），リスクc（80%）と続く。発生確率ではリスクc（80%）

が最も高い。他方，いったんそのリスクが現実のものになった場合，最もコストに影響する（費用がかかる）のは，リスクaであり，100万円である。リスクb（75万円），リスクc（25万円）と続く。リスクに対応する予算が限られているとすれば，この3つのリスクに対応するにあたって優先順位をつけ，予算の範囲で対応するために絞り込まなければならない。この優先順位付けを絞り込むために用いられるのが期待値（EMV：Expected Monetory Value）である。**図表9-1**によると，

リスクaの期待値＝100万円×10％＝10万円

リスクbの期待値＝ 75万円×40％＝30万円

リスクcの期待値＝ 25万円×80％＝20万円

となり，リスクbへの対応策を考えることが優先されるべきであることがわかる。もし，予算に余裕があったとしても，リスクaおよびリスクcに配分される予算よりも，リスクbに対応する予算を充実したものにしておくという判断になろう。

4. リスク対応策の策定

　リスクの対応策は大雑把に以下の4種類に分類される。①回避（プロジェクト計画の変更等），②転嫁（リスク発生結果の対応と責任を第三者に移す等），③軽減（リスク確率と発生結果のインパクトを受容可能な水準まで減らす試み等），④受容（リスクを受け入れる等）である。

　まず，①の回避はリスクを全く受けないようにやり方を変えたり，プロジェクトの場所（サイト）を変えたりすることである。台風を避けて，台風の来ない地域にプロジェクトサイトの変更を行ったり，ケガを避けるために人力による作業を機械による作業に変えるなどである。②の転嫁はリスクによ

るインパクトを第三者に代わって受けてもらうことである。損害保険に加入するなどが一般的に想起されるだろう。③の軽減は日頃からインパクトの影響が小さくなるように準備を行うことである。地震や火災に備えた「避難訓練」，「消防訓練」などがこれに該当する例である。

　最後の④受容はさらに消極的受容と積極的受容に分かれる。前者は「リスクによる被害が発生してから対応を決める」というものであり，後者は「リスクによる被害がでたら，次にこうしよう，とあらかじめ決めておく」ことである。当然，前者の対応をとった場合，プロジェクトマネジャーは批判されるが，これ以外に如何ともしがたい場合もある。

　なお，以上のリスク対応をとった後に，その対応が原因で新たに起きるリスクを「二次リスク」という。雪山の遭難者を救助に向かった救出隊が遭難してしまうことを二次遭難などというが，これも二次リスクである。また，事前に対応が計画されていなかったリスクや消極的受容により，具体的に計画してこなかったリスクに対しては「迂回策」が用いられる。迂回策とは事前に対応が計画されていなかったリスクが発生したときの対応策である[3]。

　上記4つの対応のどれを選択するかという観点からはそれぞれの対応の成功─失敗の確率を考えなければならない。ここで，再び，期待値を考え，最も損失が少ない方法を選ぶ考え方もある。以下は対応策の選択における期待値の分析の例を示したもので，ディシジョンツリー分析（Decision Tree Analysis）ともいわれる。

対応策A　（回避）を選択した場合

　成功確率70%　その結果10万円の利益→期待値　　7万円

　失敗確率30%　その結果2万円の損失→期待値　−0.6万円

　　　　　　　　　　　　　　　　　合計期待値　6.4万円

3　アイテック教育研究開発部（2014, p.319）。

対応策B（軽減）を選択した場合

成功確率80%　その結果２万円の利益→期待値　　1.6万円

失敗確率20%　その結果３万円の損失→期待値　−0.6万円

　　　　　　　　　　　　　　　　　　　合計期待値　1.0万円

　この事例におけるディシジョンツリー分析によると，合計期待値の大きい対応策A（回避）が経済的に理にかなっているということになる。対応策のための予算措置がコンティンジェンシー（予備費と予備時間）と呼ばれるものである。プロジェクトの目標に必要な時間やコストが上回ってしまうリスクに対応するための予備的な金額と時間をあらかじめリスクマネジメントの見地から見込んでおくことである。

コ ラ ム 3

大規模な建設プロジェクトはリスクがいっぱい
─香港地下鉄・沙中線工事におけるハプニング─

　大規模な建設プロジェクトであればあるほど，工期（タイム）と建設費（費用）の管理は難しさを増す。例えば，香港地下鉄（MTR）の新路線・沙中線は様々なリスクに直面した。

　香港・新界の沙田エリア（大圍駅）から旧・香港空港のあった啓徳，中国本土への直通列車の発着地である紅磡を経て，香港島の中心部・中環エリア（金鐘駅）へと至る同路線が，2012年に建設が開始されたものの，2014年に途中駅において宋や元時代の井戸や住居の基礎が相次いで発見された。このため，当初2018年12月に先行開業予定であった大圍〜紅磡間は11ヶ月延期された[1]。

　さらに紅磡駅では建設中のホームの鉄筋が規定通りに使われていない手抜き工事が発覚した上，その後のMTRの調査報告書に多数の誤りが見つかり，建設計画も勝手に変更していたことも判明した[2]。この１件によりプロジェクトの責任

1　中華人民共和国香港特別行政区立法會（2021）「立法會CB（4）368/20-21（03）號文件　交通事務委員會鐵路事宜小組委員會2021年１月15日舉行的會議　有關沙田至中環綫建造工程的最新背景資料簡介」https://www.legco.gov.hk/yr20-21/chinese/panels/tp/tp_rsc/papers/tp_rsc20210115cb4-368-3-c.pdf（2021年５月７日閲覧）

沙中線金鐘駅周辺のビル群

者のみならず，最高経営責任者（CEO）までが辞任に追い込まれた[3]。

　加えて，①地盤沈下の発生[4]，②反政府デモにおける地下鉄施設に対する破壊[5]，③導入予定の新信号システムの不具合[6]，④建設作業員の人手不足[7]，⑤工事現場周辺の海底に大量の金属が発見され，それにより新設される會展駅の土地の引き渡しが遅れたこと[8]，⑥トンネルのコンクリート接合部における水漏れ[9]，⑦紅磡駅のトンネルや車両基地での工事にて施工記録に不備があったこと[10]など，多くのトラブルに見舞われた。

2　日本経済新聞（2018）「香港鉄路，手抜き工事でCEO辞任へ　海外事業への影響懸念」https://www.nikkei.com/article/DGXMZO34009520Z00C18A8FFE000/（2021年5月7日閲覧）

3　同上

4　注1と同じ

5　注1と同じ

6　注1と同じ

7　蘋果日報（2014）「沙中綫人手不足港鐵：或再有延誤」https://hk.appledaily.com/local/20140704/YYXMIYL5HXDKWG5HG3YQZL7S7E/（2021年5月7日閲覧）

8　MTR CORPORATION LIMITED（2016）「截至2016年6月30日止六個月期間　未經審核業績公告」http://www.mtr.com.hk/archive/corporate/en/press_release/PR-16-071-C.pdf（2021年5月8日閲覧）

9　MTR CORPORATION LIMITED（2018）「新聞通告 二零一八年三月二十日　沙田至中環綫紅磡北面連接隧道工程」https://www.mtr-shatincentrallink.hk/pdf/multimedia-gallery/press/20032018_pr_c.pdf（2021年5月9日閲覧）

10　MTR CORPORATION LIMITED（2019）「北面連接隧道，南面連接隧道及紅磡列車停放處實際建造狀況核實工作最終報告（摘要）」https://www.mtr-shatincentrallink.hk/pdf/multimedia-gallery/report/02_Final_Verification_Study_Report_c.pdf（2021年5月9日閲覧）

　そのため工期はさらに延長され，前述の大圍～紅磡間は，途中までの大圍～啓徳間が2020年2月に開業したものの，残りの啓徳～紅磡間は2021年第3四半期の完成が予定されている[11]。またビクトリア・ハーバーを渡る紅磡～金鐘間も，開業予定は当初2020年であったが，現在は2022年第1四半期となっている[12]。

　一方，建設費の面においても相次ぐトラブルの発生による増加が著しくなっている。2012年に立法会（議会）で承認された当初予算は798億香港ドル（1香港ドル≒14日本円）であったが，MTRは2017年に160億香港ドル増の971億香港ドルに達するとの見通しを発表した[13]。その後，コストの見直しや完成時期が近づいたことから2020年2月にMTRが発表した最新の建設費は908億香港ドルとなった[14]が，当初の見積もりよりも大幅に超過している。

　この沙中線（全長17km）の1kmあたりの建設費は53.4億香港ドルとなり，これは世界2位の高さである[15]。ちなみに1キロあたりの建設費が高い鉄道のベスト3は全て香港であり[16]，1位は港島線の西延伸部分（全長3km／総建設費185億香港ドル／1kmあたり62億香港ドル）[17]，3位は香港・深圳・広州高速鉄道の香港部分（全長26km／総建設費864億香港ドル／1kmあたり33億香港ドル）[18]となっている。

（文・写真　小林　慧）

11　注1と同じ
12　注1と同じ
13　文匯報（2017）「沙中線造價升23% 盛惠971億」http://pdf.wenweipo.com/2017/12/06/a08-1206.pdf（2021年5月9日閲覧）
14　注1と同じ
15　NNA（2016）「ＭＴＲ沙中線の建設費，1000億ドルに到達か」https://www.nna.jp/news/show/1536588（2021年5月9日閲覧）
16　同上
17　中華人民共和国香港特別行政区立法会（2016）「立法會CB(4)1115/15-16號文件　鐵路事宜小組委員會向交通事務委員會提交的報告」https://www.legco.gov.hk/yr15-16/chinese/panels/tp_rdp/reports/tp_rdpcb4-1115-c.pdf（2021年5月9日閲覧）
18　中華人民共和国香港特別行政区立法会（2018）「立法會CB(4)1290/17-18 號文件　鐵路事宜小組委員會向交通事務委員會提交的報告」https://www.legco.gov.hk/yr17-18/chinese/panels/tp/tp_rdp/reports/tp_rdpcb4-1290-c.pdf（2021年5月9日閲覧）

第10章

調達（アウトソーシング）を どう進めるか

1. 調達とは

　調達とは簡単にいえば，自社に足りないものを外部から供給してもらうことである。極めてシンプルな行為を表しているが，通常，大学の人文社会学系の学部においては多くの科目で「調達」という言葉はまず使われない。「調達」ではなく，「アウトソーシング」と呼ぶことが一般的である。しかし，アウトソーシングにせよ，調達にせよ，意味するところは機能の外部への委託である。一般的には業務委託と呼んでいる。業務委託も近年は多様化しており，生産業務においては相手先ブランドによる生産，すなわちOEM（Original Equipment Manufacturing），さらにそれを一歩進めた生産の上流工程であるデザインや設計まで含めて委託するODM（Original Design Manufacturing）も現れている。

　現在では，多様なタイプのアウトソーシングが存在しており，これが盛んに行われている電機業界などではまとめてEMS（Electric Manufacturing Services）と呼んでいるようである。従来，自社内でカバーしていた機能の外部へのアウトソーシングは電機業界に限らず，他の業界でも広く行われるようになっている。ユニクロに代表されるアパレルのファストファッションなど製造小売業（SPA）では1つの標準的なビジネスモデルとしてすでに世界中のアパレル業界で定着している。さらに一般の企業でもコールセンターや管理部門業務の一部（例えば旅費精算，給与計算，施設管理等）を外部に委託することが広がっている。どの機能範囲まで委託先（アウトソーシング契約の受注者）に任せるかはそれぞれの委託元（アウトソーシング契約の発

注者）の戦略と委託先の能力による。アウトソーシングが様々な分野のビジネスに拡大しているのは発注者にとって**図表10-1**のようなメリットがあるからである。ただし，同時に**図表10-2**のようなデメリットも指摘されている。

◆ 図表10-1 ◆ 一般的なアウトソーシングの発注者にとってのメリット

> ▷中核事業への経営資源集中が可能になる（いわゆる「選択と集中」戦略）
> ▷組織のスリム化（リストラクチャリング，リエンジニアリングが容易になる）
> ▷業務の効率化，コスト削減（特に人件費の固定費部分の変動費化により，需要に対応したコストの削減が可能になる）

出所：筆者作成

◆ 図表10-2 ◆ 一般的なアウトソーシングの発注者にとってのデメリット

> ▷業務の詳細が見えにくくなり品質管理などが難しくなる（コントロール力の低下）
> ▷ノウハウおよび専門性の低下とそれによる発注者の社内のモラル低下が懸念される
> ▷社内機密流出のリスクがある

出所：筆者作成

　デメリットはリスクと言い換えることができる。外部へのアウトソーシングは現場の作業へのコントロール力を低下させ，品質問題を生じさせやすい。また，長期的には発注者のノウハウや社内機密が受注者に漏出し，それに起因する社員のモラル低下，人材の流出につながるリスクを伴う。

　以上の議論は生産や組織管理などの定常業務に関連するアウトソーシングに当てはまる論点である。しかし，市場環境が急速に変化する現代の企業においてはM＆A（企業の買収・合併），戦略的な提携，組織改革，新技術開発など，固有の目的をもつ一過性の業務，すなわちプロジェクト業務においてもアウトソーシングは用いられているから同様にリスクに対するマネジメントは必要である。

　プロジェクトにおけるアウトソーシングのヘビーユーザーとしてはITのシステムあるいはソフトウェア開発業界が挙げられる。同業界では一連の工

程の中で行動集約的な「開発」工程をエンジニアの人件費が安い海外のソフトウェアハウスやITシステムに委託するのが常識になっており，「オフショア開発」と呼ばれている。

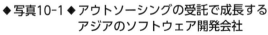

◆写真10-1◆アウトソーシングの受託で成長する
アジアのソフトウェア開発会社

出所：筆者撮影

　むしろ，一過性であるがゆえに厳しい予算的かつ時間的制限のもとで結果を求められるプロジェクト業務においてはアウトソーシングを用いて時間的かつ予算的抑制を図りながら，目的とする品質を維持した固有の成果を創出するという，より一層困難な使命を背負わされている。定常業務に比べて，より大きなリスクを伴うとも言えよう。

　調達はプロジェクト内部のステークホルダー（プロジェクトメンバーのうちアウトソーシングを担当するメンバー，すなわち発注者）と外部のステークホルダー（外部の受注者）との頻繁なコミュニケーションを必然ならしめる。結果としてアウトソーシングに関わるリスクマネジメントは発注者，受注者との間のコミュニケーションの問題でもある。したがって，アウトソーシングとリスクマネジメントについてステークホルダー間のコミュニケーシ

ョンに焦点を当てよう。

2. プロジェクトにおける調達とステークホルダー

　最初に議論の中心概念の１つである「ステークホルダー」の範囲を確定したい。調達マネジメントにおける直接的なステークホルダーは「発注者」と「受注者」である。調達マネジメントはこの２つのステークホルダー間のコミュニケーションで進められる。調達は外部企業へ一定の業務を委託するため，一般に委託とも呼ばれるが，実はその契約関係によって多様である。例えば，発注者と受注者の権限について分類すると，「委託」と「請負」に分かれる[1]。

　委託において，受注者は発注者の直接的かつ日常的な指揮命令のもとで作業を遂行するが，請負においては受注者は成果物について発注者に対する責任を有するため，日常的な作業については発注者の直接的な指揮命令を受けることはない。例えば，住宅建設の施主は大工さんにこまごまとした建築作業上の指図をしない，という例を想起すればこの請負について理解しやすいであろう[2]。ただ，日本の場合，伝統的に施主の力が強く，受注者の地位を「下請け」として低く見る傾向があるため，請負契約においても，実質上，様々な業務指示をして受注者に作業時間や費用負担を強いる事例も散見される[3]。

　このように発注者にとって直接的に関係をもつ受注者もあれば，間接的な関係をもつ下請けたる受注者も存在し，調達におけるステークホルダー間の関係は必ずしも単純ではない。

　プロジェクトマネジメントにおいて発注者にとってのアウトソーシング先

1　両方をまとめて，「外注」という言葉もある。まさしくアウトソーシングの日本語訳に対応する言葉である。
2　もちろん，成果物やスケジュールに関わる点については施主の利害に大きく関わってくることであるため，何らかの要求をすることは自然である。
3　いわゆる「偽装請負問題」である。

は受注者であるが，その受注者が業務の一部をさらに下請けの第三者に発注する場合（いわゆる再委託），自らは発注者の立場にもなる。このような連鎖が続けば，調達において，多くのステークホルダーは受注者でもあり発注者でもある，という関係性が構築される。また，形式的に契約によって関係付けられていないステークホルダーが別途存在し，彼らが実質的な「発注者」として受注者に成果物の仕様に大きな影響力をもつ場合もある。

　このように，調達におけるステークホルダー間の関係は契約の連鎖という構造面，契約内容（契約形態，コストに対する考え方），外部の第三者による影響力の介入などの要素により，様々であるため，リスクを考える際にはこうした点も考慮する必要がある。さらに最近は，オフショア開発の例でも述べたように，海外からの役務の調達も増えているため，海外のステークホルダーとの調達に対する考えの違い（主に商習慣などビジネス文化的なもの）も，考慮すべき点として念頭に置くことが求められる。

3. プロジェクトマネジメントにおける調達の実際

（1）予定価格と仕様

　プロジェクトの調達の実務として，発注者が受注者を見つける前にやっておかなければならない作業は，予定価格を見積もり，そのための予算を用意することである[4]。予定価格は受注者を選定する場合，受注者がオファーしてきた金額をどう考えるか，という基準になる最重要ポイントである。予定価格の策定のベースになるのは仕様である。これは成果物が物的なものである場合は仕様（スペック＝スペシフィケーション）と呼ばれる。また，成果物

4　もちろん，その前に内製化するか外部から調達するかという意思決定の段階があることはいうまでもない。外部から調達するという判断の後にスペックと予定価格の策定の段階に移行する。

が非物的なものである場合はTOR（Terms of Reference）と呼ばれる[5]。なお，スペックは成果物が物的なものであれば，その形状，機能，数量であり，非物的なものであれば作業の範囲などである。いずれにしてもスペックやTORを確定せずしては予定価格の見積もりはできない。また，当然のことながらスケジュールの確定も困難である。

　仕様は自社の戦略などに基づく発注者のニーズの他，法令，市場の競争関係，エンドユーザーの嗜好などに基づいて形成される。その後に当該仕様をもつプロジェクトが自社内で内製できるか否かの検討が行われなければならない。100％内製できなければ，その仕様をもった成果物をすべて外部から調達しなければならないし，部分的に内製できるのであれば，残りの仕様の部分を外部から調達，ということになる。その結果，調達対象の仕様が最終的に確定されるのである。

（2）公示と入札方式

　スペックと予定価格が確定し，発注者組織内でオーソライズされた後に，「公示」が行われる。入札のプロセスに移行するための外部への公式なアナウンスであるため「入札公示」ともいわれる。公示に際しては，関心を示す企業にスペック（仕様書）などの情報を公平な条件で提供するため，入札説明会が開催される。そこで入札に参加する際に提出する書類のフォーマットが提示される。入札説明会に参加した企業の中から，本格的に関心をもち，企画と価格などを示した書類（プロポーザル）を期限までに提出することを「応札」（Propose）という。

　入札方式には大まかにいって，不特定多数の企業に公示情報を示す①「一般公開入札」（Open Bid あるいはInternational Competitive Bid，②「制限的公開入札」（Selective Open Bid），③「随意契約」（Direct Appointment）がある。どの方式で選定するかについても入札説明会で明らかにされる。ち

5　SOW（Scope of Work）という言い方もある。

なみに③は「特殊な事情」や過去の実績であらかじめ特定の企業を選定するかが決まっている入札方式であり，発注者はその企業と直ちにスペックへの対応や価格について交渉に入る[6]。したがって，企業の提案を評価し，選定するという意味での入札と位置付けない場合もある。ところで，入札説明会以降の情報開示は関心をもつすべての企業に平等・公平に情報を与えなければならない。したがって，1社からでも質問があればその内容とそれに対する回答をすべての入札参加企業に開示しなければならない。

（3）入札評価

　応札期間が経過したら，プロジェクトチーム内に入札評価委員会（Evaluation Committee）を立ち上げ，期日に間に合った応札企業のプロポーザルの内容を評価する。評価方式には，予備評価（P/Q：Pre-qualification）を行う場合と行わない場合がある。予備評価は応札者が受注した場合に当該プロジェクトを最後まで要求通りに完遂する力量があるかどうかについて評価することが多い，すなわち，人材，財務，コンプライアンス能力などの観点の審査である。こうした予備評価によって応札者を絞り込み，通過した応札者のプロポーザルを詳細に評価する本評価に進むのである。
　本評価は「最初に技術の評価を行い，その後に技術評価の高い企業から順番に価格の評価と交渉を行う」もの（ツーエンベロップ方式と称することがある），「技術と価格の両方を同時に評価し，総合点で最高点の応札企業と交渉を行う」もの（総合評価方式と称することがある），「予定価格はあらかじめ公表されており，技術内容だけのプロポーザルを要求し，それを評価し，交渉するもの」もの（企画コンペティションと称することがある），「技術内容は仕様通りに従うことをあらかじめ求めており，応札価格だけを求めて，

6　p.116でも述べるが随意契約はしばしば透明性の観点から問題になる。すなわち，発注者と受注者の癒着などにより，不正競争防止法の取り締まりの対象になることもあるため，随意契約を適用するための条件を発注者の内部でルールとして事前に定めておく必要がある。

最低価格を提示した応札企業と交渉する」もの（価格コンペティションと称することがある）がある。

　随意契約は発注者と受注者の間で不正が生じる可能性が比較的高いといわれている。しばしば発注者から受注者への予定価格情報の漏洩などの不正競争防止法違反，受注者から発注者への便宜供与等の贈収賄や背任などの犯罪に発展する場合もないといえない。したがって，企業各社が内規によって社会通念上，合理性・妥当性を備えたルールを確立し，随意契約を検討し，適切に運用する必要がある。ただし，海外でのプロジェクトの場合，「社会通念」が異なる場合がある。特に発展途上国は先進国と「社会通念」が大きく異なる場合があるため，それを十分調査のうえ，採用する必要がある。プロジェクトマネジャーの公的な資格が求める倫理規定は欧米を中心に国際標準化の方向に進んでいるため，なるべく欧米基準に合致した行動をとるべきであると，筆者は考える。

　ツーエンベロップ方式や総合評価方式における入札評価は多くの場合，応札者から提出されたプロポーザルの内容のうち，技術的な側面と価格的側面について検討されるが，発注者と応札者の関係によって。技術的な側面を重く見る場合もあれば，価格的側面を重視する場合もある。いずれを重み付けするかについてはその発注内容にもよるが，発注者と受注者の力関係も大きい。双方はそれぞれ，リスクを最小化するための契約形態を望むが，その詳細は交渉によって最終化されるから，発注者と受注者の間の関係がプロジェクトへの影響を左右する要因の１つであるといってもよい。

　図表10-3と**図表10-4**は３社を評価した事例である。左端に各社の名前と，共通の評価項目が記載されており，各項目の点数を右側のコラムに記入していく形式である。配点基準に基づいて，各評価担当者がそれぞれ点数を決め，最終的に複数の評価担当者の合計点もしくは平均点にて，最高得点の応札企業を「落札者」として公表し，契約交渉に進む。なお，こうした評価項目とそれぞれの配点は応札に関心をもつ企業が参加する事前の入札説明会にて，あらかじめ公表されておく必要がある。

　なお，入札評価で第一位になっても，必ずしもその企業とそのまま契約するわけではない。「交渉権を得た」という段階に過ぎないので，この段階で第一位の評価を得た企業を「落札者」ということもある。発注者が気になる点を交渉し，交渉が決裂すれば，第二位の企業を次の交渉相手として招聘するか，あるいは入札のやり直しになる場合もある。

◆写真10-2◆ 確定した契約企業の表示

出所：筆者撮影

◆ 図表10-3 ◆ プロポーザルの評価表の例（1）

評価シート　　　　　　　　　　　　　　　　　　　評価者名：＿＿＿＿＿＿＿＿＿＿

会社名		点数		非常に優れている	優れている	平均的である	やや劣っている	劣っている	コメント	備考
	評価ポイント	最大点	評価点						（ある場合のみ）	（評価の基準）
	（配点）			100%	80%	50%	10%	0%		
会社A		100	0							
1	企業の信頼性	10	0							
1-1	歴史	4	0							歴史が長い程，高評価
1-2	社員数	3	0							社員数が多い程，高評価
1-3	年間売上高	3	0							大きい程高評価
2	関連分野の実績	70	0							
2-1	会社の実績	20	0							受注実績額および品質
2-2	メンバーの実績	25	0							受注実績額および品質
2-3	メンバーの専門性	25	0							経験と分野
3	企画内容	20	0							
3-1	計画	10	0							独自性を高評価
3-2	強み，特長	10	0							他社にない強みを高評価
会社B		100	0							
1	企業の信頼性	10	0							
1-1	歴史	4	0							歴史が長い程，高評価
1-2	社員数	3	0							社員数が多い程，高評価
1-3	年間売上高	3	0							大きい程高評価
2	関連分野の実績	70	0							
2-1	会社の実績	20	0							受注実績額および品質
2-2	メンバーの実績	25	0							受注実績額および品質
2-3	メンバーの専門性	25	0							経験と分野
3	企画内容	20	0							
3-1	計画	10	0							独自性を高評価
3-2	強み，特長	10	0							他社にない強みを高評価
会社C		100	0							
1	企業の信頼性	10	0							
1-1	歴史	4	0							歴史が長い程，高評価
1-2	社員数	3	0							社員数が多い程，高評価
1-3	年間売上高	3	0							大きい程高評価
2	関連分野の実績	70	0							
2-1	会社の実績	20	0							受注実績額および品質
2-2	メンバーの実績	25	0							受注実績額および品質
2-3	メンバーの専門性	25	0							経験と分野
3	企画内容	20	0							
3-1	計画	10	0							独自性を高評価
3-2	強み，特長	10	0							他社にない強みを高評価

出所：筆者作成

◆ 図表10-4 ◆ プロポーザルの評価表の例（2）

	応札企業	技術点評価														価格点順位		総平均	Rank
		佐々木			若林			野口			小林			評価者平均			価格（万円）	順位による評点		
		企画内容	要員経験	合計	企画内容	要員経験	合計	企画内容	要員経験	合計	企画内容	要員経験	合計	企画内容	要員経験	合計				
1	A社	40.0	30.0	70.0	35.0	35.0	70.0	45.0	25.0	70.0	50.0	35.0	85.0	42.5	31.3	73.8	250	60	66.9	2
2	B社	31.0	25.0	31.0	34.0	30.0	34.0	32.0	45.0	32.0	36.0	25.0	36.0	33.3	31.3	64.5	301	50	57.3	3
3	C社	43.0	40.0	43.0	42.0	40.0	42.0	38.0	30.0	38.0	40.0	35.0	40.0	40.8	36.3	77.0	225	70	73.5	1
4																				
5																				
6																				
7																				
8																				

出所：筆者作成

（4）契約

　落札者と企画および価格面で最終合意した場合，契約書の取り交わしに入るが，その形態には大まかに3つに分類される。定額請負契約（一括請負契約ともいう）[7]，実費償還契約，タイムアンドマテリアル契約（T&M契約：時間単価積み上げ＋必要機材・原料の実費の積算）である。

　定額請負契約では成果物が完成し，納品されたのちに契約金額がそのまま支払われる。したがって，受注者は契約金額の中でコストをカバーし，利益を出さなければならない。うまくいけば利益を十分に確保できるが，費用が超過し赤字になっても，発注者は追加でその分を支払ってくれるわけではない。したがって，この契約形態は受注者にリスクがあるといわれる。成果物の内容が明確に定義されないプロジェクトを請け負う場合は受注者にとって危険がある。

　実費償還契約は基本的にプロジェクトが実際に要した費用を発注者が負担

7　ランプサム（Lump-sum）契約とも呼ばれる。第10章p.125参照

するものである[8]。プロジェクトが費用超過に直面した際にはその実費を発注者が追加の資金手当てをしてカバーしなければならない[9]。なおかつ受注者の利益は確保されなければならない，という契約形態である。いうまでもなく，この形態は発注者の側にリスクが大きい。

　タイムアンドマテリアル契約は緊急に外部から調達しなければならない作業部分に対して，採用されるものである。時間単価積み上げと必要資機材・原材料の実費で金額が決まるため，発注者としては作業範囲を確定していなければならないが，緊急対応であるため，金額は予定よりも超過する場合がある。それは発注者の負担であり，リスクとなる。

　また，以上の3つの形態の議論とは別に規模の大きな調達契約の場合は受注者としては支払いが行われる前に大きな資金手当てが必要なため，負担が大きい。その負担を軽減するために契約締結時に契約金額全体の何パーセントかの支払いを求める「頭金」条項を契約に設けることを求めることがある[10]。また，発注者としては成果物の仕様の完成度を，時間をかけて確認するために，最終支払いを納入からさらに時間が経過した試運転後とする条項を求める場合がある。また，受注者の途中キャンセルを避けるため，発注者が受注者に対して保証金を差し入れることを求める条項を入れる場合もある。

（5）契約形態に関わる法的視点[11]

　プロジェクトマネジメントに関わる調達の発注者と受注者の間に締結される契約を法律的な観点から見ると「請負契約」，「委任契約」，「派遣契約」と

8　受注者が費用を意図的に膨らまして請求することがないように，期限前に完成した場合にインセンティブを支払い，期限に間に合わなかった場合はペナルティを課すようにする実費償還契約がある。また，あらかじめ上限金額を決めたうえでの実費償還契約もある。このように様々な付帯条項を付けているものも多く見られる。
9　発注者から受注者への費用の支払いの根拠になるのは費用に関わる領収書や人員の稼働時間に関わる書類である。この書類を精査したうえで費用が確定する。このプロセスを「精算」という。
10　筆者の経験では契約金額の10%〜30%がいわゆる頭金金額の相場である。
11　長尾（2003, p.128）および具志堅・葛西（2017, p.447）。

分けられる。

　一般に民法でいうところの「請負契約」では受注者が一定の業務を完成してその結果（成果物）に対して発注者が報酬を支払う。完成の判断は発注者によって行われ，成果物の検査合格または報告書の確認（検収）を経て，問題がなければ受注者は発注者に納品書，請求書を送付し，契約金額の支払いを受ける。

　「請負契約」においては発注者から受注者の現場作業者への直接的指揮命令を行わないことになっている。受注者側がその就業規則，服務規程および安全衛生規則等をもとに現場作業者に対して行う。したがって，通常は受注者が作業場所を設定し，用意する。対価は業務の完成結果に対して支払われる[12]。したがって，作業の成果に結果として瑕疵がある場合，受注者は一定の期限内で補修や損害賠償を行う。

　「委任契約」は受注者には完成の成果に責任はないが，進捗報告義務，終了報告義務，善良かつ適切な管理者の注意義務（善管注意義務）がある。発注者が一定の業務処理を受注者に一任し，受注者は業務を処理する。この契約においても「請負契約」と同様，現場の作業者への指揮命令は受注者が行う。しかし，作業場所は発注者が指定し，発注者の事務所内で行われることもある。委任業務の遂行後に受注者が実際に発生したコスト等に基づき，料金を請求する。受注者は善管注意義務をもって作業を遂行することを求められるだけである。この契約形態の場合，特に別途契約条項に盛り込まない限り，一般的には受注者に瑕疵担保責任はない。

　一方，「派遣契約」は労働者派遣法に規定され，業務の内容に制限がある。受注者は人材派遣業法上の派遣会社であり，そこから発注者に派遣される要員（現場作業員）個人が作業を命じられて行うものである。これは派遣されるスタッフの能力を指定してそれに合致する作業要員を求めるものであるが，要員個人を指定して派遣してもらうことはできない。派遣スタッフに対する

12　契約内容によっては頭金や完成保証金として時期をずらして全体金額を分割して支払われる場合もある。

◆図表10-5◆ 契約形態による発注者・受注者のメリット・デメリット

比較項目	請負契約	委任契約	派遣契約
受注者の責任範囲	成果物そのもの	作業内容そのもの	作業内容そのもの
瑕疵担保責任	受注者にあるため，発注者のリスクは少ない。	原則として受注者にはなく，終了後の成果物の不具合は発注者の責任。受注者のリスクは少ない。	受注者にはなく，受注者のリスクは少ない。
現場での指揮命令	受注者が行う。	原則として受注者が行う。	発注者が作業場所で直接指揮命令する。発注者はそのための人員を用意する責任がある。
発注者から受注者への支払い金額	「ランプサム契約」で支払われる場合は発注者にメリットあり。他方，「コストプラスフィー契約」や「コストプラスインセンティブフィー契約」の場合は受注者にメリットがある。	T&M契約の考え方で支払われる。実際にかかった費用に基づき支払うため，発注者にリスクがある。	派遣人員の人件費（時間×単価）を支払うため，発注者にリスクがある。
就業規則，服務規程，安全衛生規則	受注者側の規則に従うため，発注者はコントロールできず，デメリットとなり得る。	受注者側の規則に従うため，発注者はコントロールできず，デメリットとなり得る。	発注者の規則で行われるため，発注者のメリットになり得る。
作業場所の用意	受注者の責任。受注者に関連コストがかかる。	発注者が指定。発注者のコストになる。	発注者が指定。発注者のコストになる。

出所：長尾（2003，p.128）および具志堅・葛西（2017，p.447）より，筆者作成

指揮命令権は発注者にある。発注者の指示にしたがって行えばよく，一般的に受注者に瑕疵担保責任はない。すなわち，発注者側の服務規程，安全衛生規則などをもとに具体的な作業内容について直接，指揮命令を受けることが一般的である。作業場所は発注者が指定・用意するが，多くは発注者側の事務所内などであることが多い。対価は派遣契約に基づき，実働時間×時間単価

で派遣会社に支払われる。派遣されるスタッフの経験，習熟度により，時間単価は契約更新の際に変更されることもある。

　以上の契約形態を主な比較項目に即しながら発注者・受注者のメリット，デメリットをまとめると**図表10-5**のようになる。

4. 調達に関するステークホルダーとリスク

　調達に関わるリスクがステークホルダー間の関係と深く関わっていることを，事例に基づいて見てみよう。

（1）調達構造に伴うリスク

　プロジェクトに関わる調達における発注者と受注者というステークホルダーについてリスクを考える。発注者と受注者を結ぶのは契約である。契約には発注者から受注者という権利義務関係が示されているが，受注者が1社でない場合，リスクが拡大する。例えば，受注者が請け負った業務の一部をさらに第三者に発注した場合，もともとの発注者が成果物のコントロールをすることが難しくなる。さらにその第三者が作業の一部を別の会社に委託することもある。この関係を図示すると**図表10-6**の通りである。

◆ 図表10-6 ◆ 再委託による委託契約の関係

(例)発注者→（委託契約）→受注者①→（再委託契約）→受注者②→（再々委託契約)受注者③

出所：筆者作成

　発注者からの最終的な受注者③まで３つの契約関係が存在する。すなわち，委託契約，再委託契約，再々委託契約である。一見して明らかなように受注者③をコントロールする直接的な権利は受注者②にある。同様に受注者②をコントロールする直接的な権利は受注者①にある。そして受注者①をコントロールする直接的な権利は発注者にある。発注者が発注した業務の進捗状況や品質の動向を知るためには「③→②→①→発注者」という長いコミュニケーションパスを経なければならず，時間がかかる。発注した業務に関わる質問，指示，変更要求も末端の③に達するためには「発注者→①→②→③」という逆のルートを経ることになるため，時間がかかる。

　情報の伝達に時間がかかるだけではなく，情報管理も困難である。例えば発注者が発注作業を完遂するために必要な機密情報を受注者①に貸与したとしよう。もちろん，委託契約の中に機密情報に関する保護義務の条項は含まれているであろう。再委託契約，再再委託契約についても情報保護条項を入れることができる。しかし，現実問題として日々の業務の中できちんとそれが順守されるかどうか，というと守られないリスクは決して無視できない。

　発注者が新製品の市場調査のプロジェクトを受注者①に発注したとしよう。さらにその作業の一部である消費者アンケート調査が受注者③に再々委託されたとする。受注者③が得たアンケート回答者の個人情報は発注者の会社の社内規定に合致する形で管理されるのであろうか。不安が残る。もし，問題が起こった場合，受注者と再委託先が発注者に対して，「それは再々委託先の問題であり，当社には責任はありません」と開き直れるであろうか。そのプロジェクトを立ち上げた発注者も責任を問われるであろう。いうまでもなく，再委託の連鎖は発注者のみならず，中間に存在する受注者①，受注者②にとってもリスクである。彼らにとっても成果の全体像が見えにくく不安であり，詳細をコントロールしにくい。情報管理（営業情報，技術，個人情報の取り扱いなど）のリスクもある。

　上記のようなリスクを低減するためには受注者①，受注者②．受注者③が共同受注者（共同企業体）となって直接発注者と契約を結ぶ**図表10-7**の方法

◆図表10-7◆共同企業体による委託契約の関係

（例）発注者→（委託）→コンソーシアム（共同企業体）
受注者①（プライムコントラクター：メインの受注者） 受注者②（共同受注者） 受注者③（共同受注者）

出所：筆者作成

　の方がよい。共同受注企業体を作って契約を締結する場合，主契約者（主受注者，プライムコントラクター）を1社定める必要があるが，この事例の場合，受注者①をプライムコントラクターとしている。プライムコントラクターに受注者②，③に関するコントロールと情報管理の責任をもたせる契約構造であり，発注者としては安心である。

（2）契約形態に伴うリスク

　一般に発注者の立場は受注者よりも強いから形態は発注者に有利に選択されることが多い。したがって，受注者は交渉を通じて契約条件をよりリスク回避型の内容にしておく必要がある。契約に前提条件を付すということである。例えば，「仕様変更があればそのコストと期間については発注者の負担とする」などのような条項である。契約形態の主なものに一括請負契約（ランプサム契約ともいう）と実費償還契約（コストリインバーサブル契約あるいはコストプラスフィー契約ともいう）があり，発注者と受注者の立場の違いにより，それぞれメリットは異なる。

　p.119で述べたように受注者にとっては一般に一括請負契約よりも実費償還契約がよい。一括請負契約では契約金額はいかなる状況の変化があっても，追加的に上乗せされることはない。たとえ，不可抗力に近い事情でプロジェクト期間が延長され，受注者側にコストが加算されても契約金額増額はあり得ない。他方，実費償還契約は，基本的にその後の状況変化による受注者側のコスト増加については発注者側によってカバーされるからである。

　受注者にとっては全体契約を分割し，工程毎に契約を締結するという対応
の仕方もリスクを低減できるであろう。プロジェクトの全体スコープを例え
ば，「第一フェーズ」，「第二フェーズ」，「第三フェーズ」……などと分割し，
フェーズ毎に受注契約を結ぶことである。したがって，フェーズ毎に契約交
渉が行われることになるため，第一フェーズの契約形態によって不利益を感
じる点があれば，それを次の第二フェーズの契約を結ぶにあたって交渉を通
じて修正を求めることができる。ただし，受注者側の現場のプロジェクトマ
ネジメントチームのリスクヘッジ方法としては良いが，受注者側の経営陣か
ら見れば，フェーズ毎の交渉では最終的にプロジェクト全体の契約が結ばれ
るかどうか，不安であろう。すなわち，第三フェーズまでの受注金額の確定
が遅れ，当期の受注側の経営陣にとって最終確定「受注高」の見込みが立ち
にくいという不安である[13]。

　発注者は受注者と正反対の利害関係にある。発注者にとって一括請負契約
を選ぶ方がリスク低減になる。なお，「請負契約」は一般的に発注者の受注
者従業員（プロジェクトの場合はプロジェクトマネジャーおよびプロジェク
トメンバー）の担当する各工程について直接指揮命令することはできないか
ら，請負契約を結んだ場合は併せてチェックする権利を契約に盛り込むこと
がリスクヘッジになる。

（3）調達構造と契約形態が複合したリスク

　調達構造と契約形態が混じっているリスクもある。そのリスクを**図表10-8**
の例で検討してみる。

　B社は経営コンサルティング会社である。B社はA社から業務をITシス

---

[13] プロジェクトはたとえ，何らかの事情（その多くは外部要因）で中止されることになっても，プロ
　ジェクトマネジメントサイクルまで中止すべきではなく，「終結」プロセスで定められた行動に移
　るべきである。調達契約（アウトソーシング）がある場合は，プロジェクトチームとその契約者と
　の間の外注契約についても，スポンサーの事情で中止に至った場合の対処方法をあらかじめ決めた
　契約内容にしておくべきである。

テムにより効率化するプロジェクトを受注して作業を行っている。この受注はランプサム契約（定額請負契約/一括請負契約）の形態をとっている。

　このチームはITシステムの下流部分の開発をC社に再委託した。B社は開発費用を見積もり，A社との契約を締結したが，そのまま最終的に完成・納品する際には，かかった費用（メンバーの作業時間数，機械使用料，出張費，間接費）に基づいて精算する実費償還契約となっている。A社からの変更要求があった場合はB社がそれを検討し，最終的に変更が合意されれば，その変更に伴うITシステムの設計・開発の変更はC社に伝えられ，C社がそれに従って変更作業を行うことになっている。

　今般，A社からの変更要求にB社は応諾し，その変更作業をC社に指示してきたが，その変更に伴う期間の延長は認められなかった。C社はこの急な変更に対応するために，D社に応援を頼み，その件についてはA社の了解を得た。D社の契約は実際にかかった時間（工数）と使用した資材に基づいてB社から対価を受け取るというものである（T&M契約）。

　図表10-8の事例においてはB社とC社の間に結ばれた契約が実費償還契約であるため，B社は再委託契約であるC社の業務によって生じた費用はすべてカバーしなければならない。費用が増加すれば増加分はB社の負担であり，その利益を圧迫する。また，C社とD社の間の契約（再々委託契約）はT&M契約であるから，時間単価と必要資機材の時間あたり使用料だけが決まっており，D社にとっての直接のC社から命ぜられた作業範囲を完遂するまで，どのくらいの工数（人数×時間）と機械稼働時間が積み上がるかについて事前には不明である。D社の仕事が終わって初めて，明らかになるのである。つまり，最終的な費用が見積もりを超えた場合でも，その超過コスト

◆ 図表10-8 ◆ 再委託による委託契約の関係

（例）発注者→（委託契約）→受注者①→（再委託契約）→受注者②→（再々委託契約）受注者③
A社　一括請負契約　　B社　　実費償還契約　　C社　　T&M契約　　D社

出所：筆者作成

を含めてすべてC社への請求となる。前述のようにC社は実費償還契約に基づいて，それをB社に転嫁できる。結局，B社は再委託分のみならず，再々委託分のコスト超過分についても負担しなければならない。B社が発注者A社にこれを請求できないことは両者の契約関係が一括請負契約であることから自明である。B社としてはこのようなリスクを避けるためには発注者との契約を実費償還契約にしておくことが必要であり，再委託契約の可能性を見越して，それらとの契約をリスクの少ない実費償還契約にすることが重要である。

（4）形式的な契約関係と実質的な契約関係のずれによるリスク

　契約関係のないステークホルダーがプロジェクトのスコープに大きな影響力をもつ場合も受注者にとって大きなリスクである。**図表10-9**の事例で考えてみる。

　例えば，小売店チェーンの取引先である卸売業者がこの関係を強化するために，小売店の店舗に情報システムの導入を小売店に提案するケースを考えてみよう。小売店がこの提案に関心を示せば，卸売業者は懇意の情報システム会社を小売店に紹介するであろう。この場合代金を支払うのは受益者になる小売店チェーンであるが，アイデアは卸売業者であるから，情報システム会社に対して発注する仕様の決定に当たっては卸売業者の意見が尊重されるであろう。小売店チェーンの経営者は長年の取引関係から，信頼する卸売業者の関与を「放置」するかもしれない。こうした場合，プロジェクトの終盤にさしかかって，成果物の詳細が可視化された段階に情報システム会社にとってのリスクが潜伏している。すなわち，小売店チェーンから，情報システム会社とそれを紹介した卸売業者に「想像していたのはこのようなものではない。仕様を変更してほしい」というようなクレームが寄せられる，といったリスクである。

　これまでの経緯から卸売業者の指示は小売店チェーンの指示と同一である

◆ 図表10-9 ◆ 形式的な契約関係と実質的な契約関係

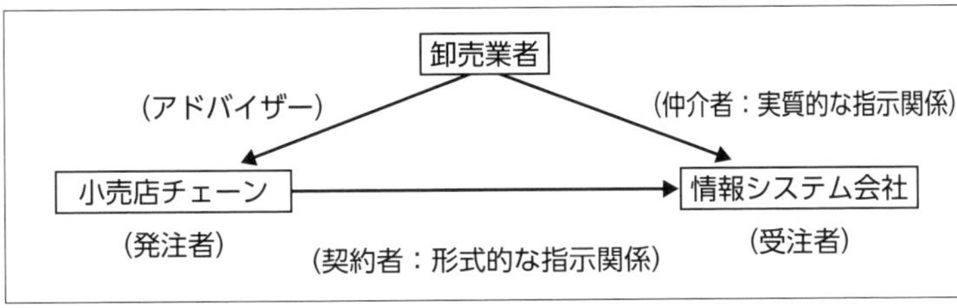

出所：筆者作成

との仮定で作業を進めてきた情報システム会社は驚くとともに，「やり直しの時間的，費用的負担はすべて自社だけに課される」という契約上の現実に愕然とするであろう。なぜなら，発注者である小売店チェーンからの仕事を仲介した卸売業者には何の法的な義務はないからである。

　こうしたリスクは長い取引関係をベースにした「あうんの呼吸」で物事を進めようとする日本の企業社会特有のものかもしれないが，注意が必要である。リスクを被る情報システム会社は仕様の確定と契約の締結に際してはあくまでも卸売業者ではなく，直接，小売店チェーンと一対一でコミュニケーションをとり，重要な打ち合わせに際しては議事録を作成し，相互に確認しておく等のリスクヘッジが必要である。

5. 調達マネジメントの注意点

　調達マネジメントに関連したリスクマネジメントにおいてはすべてのステークホルダーが事前に想定できることはまれである。様々なプレーヤーがステークホルダーになり得るし，その影響力の度合いも変わってくる。またリスクの種類も異なる。調達の背景，調達の構造，調達契約，そして，またそれらの混合によって様々である。ステークホルダーが変われば，コミュニケーションのありようも異なってくる。

　ステークホルダーの影響度や権力に応じて，コミュニケーションをルール化していくことが一般的にプロジェクトマネジメントの「コミュニケーションマネジメント」では推奨されているが，調達においては発注者にとって受注者は同じ最終成果物という目標をもつ「同志」という側面もあり，杓子定規的なコミュニケーションで固定的にルール化することは，プロジェクトにとってかえってマイナスになろう。新車開発の組立メーカーと下請けの部品メーカーの関係を想起すれば，その間の長期的な信頼関係がいかに重要かが理解できる。

　このように調達においてリスクを効果的にコントロールするためには様々なファクターを踏まえた柔軟な対応が必要になる。ステークホルダーの立場と特徴を判別しながら，最適な頻度，最適な内容，最適な手段を選択しなければならない。

第11章

変更をどう処理するか

1. 統合マネジメントと変更管理

　プロジェクトにおける変更管理とは，プロジェクトマネジメントの各種プロセスの活動とを整理し，調整し，必要があれば結合するなどの合理的な対応を行う活動である。これをPMBOK®では統合マネジメントと呼んでいる。具体的には，プロジェクトを計画通り，要求事項を満たしながら完了させるという最終目標に向かって，プロジェクトを遂行するための必要な行動を起こすことである。すなわち，人材や予算などの資源配分の調整や再配分，問題が起きた時の解決策として提起された代替案の検討と選択，トレードオフ関係にあるステークホルダーからの要求の調整などである。

◆図表11-1◆ 変更要求の原因（外部要因）

外部起因の要因	事　　例
法律・制度の改正	消費税法で消費税率が変更されて販売管理システムに影響
経済環境の変化	不況でスポンサーの業績が急激に低下し，プロジェクト予算が大幅にカットされた。
競合他社の動向	他社が新機能を打ち出したため，対抗上，機能追加の変更を行った
接続する機器変更	接続する他社システムやモバイル機器の接続仕様が急きょ変更された
ユーザーの要求	ユーザーが操作性などの問題から変更要求があった

出所：金子（2012）に筆者が加筆

◆図表11-2◆ 変更要求の原因（内部要因）

内部起因の要因	事　　　例
分析・設計ミス	発注者の要求を誤解することにより，それを修正するための変更
性能不良	予定していた性能が得られず，改良するために行う変更
生産性不良	予定していた生産性が得られず，ツールなどを変更することによって生じた変更

出所：金子（2012）に筆者が加筆

　しかし，プロジェクトはそもそもユニークな目標や成果に向かって遂行するものであるため，経験値が十全に活かせるものではなく，そこに様々なコンフリクトが起こる。このコンフリクトの解消には往々にしてPMBOK®が提起する10の知識分野のいずれか1つの知識やノウハウだけで解決することはまれである。プロジェクトマネジメント知識エリアにまたがる諸問題に対して知識を縦横無尽に動員し，プロジェクトマネジャーの知恵と人間性と影響力で1つひとつ乗り切っていくというのが実態である。

　特に問題になるのがプロジェクト関係者であるスポンサーからの変更要求である。もちろん，計画中あるいは遂行中の（時には完了間近の）プロジェクトに対して変更を迫るのはスポンサーだけではない。プロジェクトの外部環境である場合もある。例えば，関係法令の変更，市場における競合関係の変化，新技術の導入，自然災害，時には国際関係などである。

　統合マネジメントの中で，このように難しい変更要求を管理し，対応するに際して，変更要求の起こるタイミングがプロジェクトマネジャーの仕事の難易度に決定的に影響する。プロジェクトの5つのプロセス，①「立ち上げ」→②「計画」→③「実行」→④「監視・コントロール」→⑤「終結」（②，③，④は計画と実施の乖離がある場合，それを修正するためにサイクルとなる）のうち，①のタイミングで生起した変更要求は実際のところ，プロジェクトスポンサー，オーナー（プロジェクトチームへプロジェクトを遂行するように命令を発出する立場の人間とする），プロジェクトマネジャーによる

プロジェクト憲章[1]の修正で解決できよう。ただし，草稿段階ではなく，承認された段階のプロジェクト憲章であれば，承認権限のある委員会メンバーに再度説明し，承認のための会議を再招集するという手間が必要である。

　②のタイミングで変更要求が起こった場合はすでにプロジェクトメンバーがそろい，サブリーダークラスまでを交えた詳細なプロジェクト計画ができ上がりつつあるか，できている段階のため，詳細な部分の手直しも必要になり，プロジェクトスケジュールへの影響は避けられない[2]。個々の変更を反映させた後，机上であるが統合的な影響への検討が迫られる。

　さらに③の場合は②に基づいて，資源（人的資源，機械・原材料，それらを調達するための予算）が配分されているため，そのやり直しには混乱は避けられない[3]。プロジェクトマネジャーとしてはこの混乱のコスト（スケジュールの遅れに伴うコスト含む）を最小限に抑えることが喫緊の課題になる。

　④の場合も同様である。変更要求前の原計画書と実際の進捗状況との乖離をモニター（監視）し，それを修正する点に②のプロセスに戻ることが期待されている段階[4]であるだけに，混乱は避けられない。

　⑤はすでに成果物ができ上がり，検収（スポンサー等プロジェクトの発注者の最終的性能確認など）を待つ段階であるため[5]，ここでの変更要求をプロジェクトチーム側が受け入れるとしたならば，それはコスト，スケジュール

1　プロジェクトの存在を公式に認可し，プロジェクト活動に組織の資源を適用する権限をプロジェクトマネジャーに与えるための文書

2　基幹計画書（基本設計等）の他に補助計画書（詳細設計等）も作成されている。それらを包括的なプロジェクトマネジメント計画書へ統合する作業もすでに行われている場合は特に変更は煩雑かつ困難なものになる。

3　プロジェクト目標を達成するためにプロジェクト計画書で定義された作業を指揮・遂行する。また，承認済み変更を実施するプロセスである。

4　プロジェクト計画書に②で定義されたパフォーマンス目標を達成するため，プロジェクトの進捗を追跡・レビューし，適切にステークホルダーに報告するプロセスである。

5　プロジェクト完了に向けて，成果物に対するステークホルダーの公式の承認（検収）を得たうえで，プロジェクトマネジメントプロセスのすべての活動を完結するプロセスである。成果の検収にはアウトソーシング先からの調達物のプロジェクトマネジャーによる検収，自らの成果物の顧客による検収の双方が含まれる。実践的にはこの際，単なる性能検査等だけでなく，顧客満足度もスポンサーに対して問うことが最近では一般的である。例えば満足度調査の主な項目は品質と納期，「その会社に頼んでよかったという独自性」，「きらりと光る専門性」，「フォローアップ力」，「提案力と実行力」などである。

から見て，計画通りの完了はまず不可能である。その変更要求の合理性をプロジェクトチーム側が検討し，「変更要求」を拒否するオプションをもたなければならない。この変更要求が非合理である場合はスポンサー側の責任で費用，スケジュールを追加することを義務付けるなどの条項をはじめから契約書に明記しておくことが必要である。

　以上のように統合マネジメントで最も緊張感を強いるのは変更要求に対応する場合である。そもそも統合マネジメントが「すべての変更要求をレビューし，変更を承認して，成果物，組織のプロセス資産，プロジェクト文書，プロジェクトマネジメント計画書などへの変更をマネジメントし，それらの最終的な処置を伝達するプロセス」[6]と定義されているだけに，統合マネジメントにおいての主要な実践的課題は統合変更管理をいかに人的，費用的，時間的，品質的に乗り切るかといっても過言ではないと筆者は考えるのである。ところで，プロジェクトが完了あるいは変更要求により遅延，キャンセルした場合でもそのプロジェクトに関する教訓のまとめが行われる。スコープについて，スケジュールについて，品質について，リスクについて，予算について進捗コントロールについて，チーム・依頼者・取引先・他部門・その他関係者への対応などについて記録を整理し，将来のプロジェクトマネジメント力向上のための組織的な知的資産とするのである。PMI®のPMBOK®はここまでを⑤に含めている。

2. 変更の管理と手続き

　統合マネジメントに起こる変更管理の原因とそれへの対応について，5つのプロセスのタイミングとの関係で述べたが，もうひとつ重要なのは，変更要求が生起した際に，その変更要求のレベルによってどの立場の人間が，対

6　アイテック教育研究開発部（2014）。

応するのかといった組織的問題である。すでに述べたように仕様変更は必ず発生する。したがって，いかなるプロジェクトも②の計画段階で仕様変更手順・仕様変更責任者などの管理体制をあらかじめ計画しておくことが必要である。この際，変更要求はプロジェクト全体の仕様に対して行われることはまず，あり得ない。多くは部分的な仕様に対する変更要求である。したがって，変更要求を管理するためには，成果物の構成管理（部分的な構成物の管理）が必要になってくる。

　プロジェクトマネジャーにとって変更を管理する際に重要なポイントは，変更が発生したことを確実かつ正確に認識し，要求された変更がプロジェクトにとって悪い結果を招来しないように影響を行使することである。そのために重要なのが事前かつ公式に決定された変更管理の手順である。まず，重要なのが変更を確実かつ正確に認識するための「変更要求の文書化」である。例えば，スポンサーから電話や口頭で変更要求がなされたときにそのままにしておくならば，必ずのちにトラブルのもとになる。これは常識あるビジネスマンであればプロジェクトマネジメントに携わっていなくとも自明のことである。標準的な変更要求の管理を作業の流れに沿って，表にすると**図表11-3**のようになる。

　その後，これまでの変更要求との関連を見るために「変更要求を台帳に登

◆ 図表11-3 ◆ 変更管理の手順

（作業の流れ）

①　ステークホルダー（主に発注者）からの変更要求を文書にまとめる（公式な文書とする）。
②　変更要求を当該プロジェクトの変更履歴ファイルに登録する。
③　変更理由と効果を評価（プロジェクトへの影響がどうなのか，検討）
④　上記の結果を踏まえて受諾，謝絶あるいは延期を決定
⑤　関係者に通知し，受諾の場合は計画に追加。謝絶の場合は計画に追加しない。

出所：筆者作成

録」する。さらに、「変更理由と効果を評価」し、「プロジェクトへの影響」が好ましいものであれば、「受諾」、そうでなければ「謝絶」、あるいは時が熟するまでに延期」する、といった決断をプロジェクトチーム側で判断するのである。受諾であれば計画に持ち込む。いずれにしてもこの結果はスポンサーなどの変更要求者に文書に通知される。

　なお、プロジェクトに与える影響度から、その変更の重大性に鑑み、どのレベルで判断、承認するかをあらかじめ決めておくことも統合マネジメントに含まれる（**図表11-4**）。また、重要な変更であればあるほど、手続きも慎重であるべきである。

◆ 図表11-4 ◆ 変更管理の承認権・手続き（事例）

変更対象	統合 プロジェクト計画書	スコープ WBS	スケジュール スケジュール	コスト コストベースライン	調達契約 契約内容
事務手続きの要不要	必要	必要	必要	必要	必要
変更作業追跡手順	必要	必要	必要	必要	必要
紛争解決手続き手順	—	—	—	—	必要
承認者レベルの明記	場合によっては必要	必要	必要	必要	必要
変更管理委員会マターか否か	必要	—	—	—	—

出所：『プロジェクトマネジメントマガジン』（2005）に基づき筆者作成

【ケーススタディとポイント】（その４）

　A氏は東南アジアで道路建設に関わる事前調査プロジェクトを実施していた。本プロジェクトは日本政府から当該国への政府開発援助（ODA）である。調査は無事に完了した。そのプロジェクトに経済性も確認されたため，両政府にその結果を報告し，日本政府としては当該国から長期にわたって要請されていたプロジェクトであったため，日本政府がプロジェクトの次のステップにすすむための，交換公文※の締結と予算の配分，ODA契約の用意に入った。

　ところが，突然当該国の政府から外交ルートで，「そのプロジェクトの要請は取り下げたい」という連絡が入った。すでに調査には約１年以上の時間と大きな予算を費やしていた。要請取り下げの背景には当該国内の政治的な問題が関係していると推測される。この場合，A氏はプロジェクトマネジャーとしてどのような行動をとるべきか？

ポイント

　このような問題に対する態度としては，政府間の問題であるため，即座に関連作業を中止するという考えもあるかもしれないが，プロジェクトマネジメントの見地からは，中止になった背景を極力探り，情報を収集して，「教訓」のまとめをしておくべきであろう。すでに人件費や物件費を費やしているため，そのコストをまとめ，途中作業までで完了している部分成果物をきちんとまとめるためのプロジェクトメンバー内でのミーティングを開くなども重要である。

　プロジェクトはたとえ，何らかの事情で（その多くは外部要因）中止されることになっても，プロジェクトマネジメントサイクルまで中止すべきではない。「終結」プロセスに進み，関係者との契約関係の終了などはもちろんのこと，作業高，コスト，スケジュールの状況，部分成果物の達成度，などの情報をまとめて，将来の教訓のアーカイブとすべきである。

※　：政府間の公式な約束文書
出所：筆者作成

第Ⅳ部のまとめ

- リスクマネジメントは「識別」,「定性的分析」,「定量的分析」,「対応策」の４段階がある。対応策には「回避」,「移転」,「軽減」,「受容」があり,最後の「受容」は積極的なものと消極的なものがある。

- 入札評価は「最初に企画の評価を行い,その後に企画評価の高い企業から順番に価格の評価と交渉を行う」もの,「企画と価格の両方を同時に評価し,総合点で最高点の応札企業と交渉を行う」もの,「予定価格はあらかじめ公表されており,企画内容だけを評価し,交渉する」もの,「企画をあらかじめ求めており,最低価格を提示した応札企業と交渉する」ものがある。

- 入札評価で１位になっても,必ずしもその企業と契約するわけではない。「交渉権を得た」という段階に過ぎず,この段階で第１位の評価を得た企業を「落札者」ともいう。発注者が気になる点を交渉し,交渉が決裂すれば,第２位の企業を次の交渉相手として招聘するか,あるいは入札やり直しになる場合もある。

- 随意契約は発注者と受注者の間で不正が生じる可能性が比較的高いといわれ,社会通念上,合理性・妥当性を備えたルールを確立したうえで実施する必要がある。ただし,海外の場合,「社会通念」が異なる場合があるので注意を要する。

- プロジェクトはたとえ,何らかの事情で中止になっても,プロジェクトマネジメントサイクルまで中止すべきではなく,「終結」プロセスに移るべきである。調達契約がある場合は,あらかじめ中止を想定した契約内容にしておくべきである。

- プロジェクトには変更がつきものである。変更要求を文書化するなどしてきちんとした手続きとルールの下にプロジェクトへの影響を精査し,変更を受け入れるか否かを決定しなければならない。

第 V 部

プロジェクトのパフォーマンスを
評価する

第12章

プロジェクトの評価とは何か

1. 2種類のプロジェクトの評価

プロジェクトのパフォーマンスを測る視点としてはスケジュール，コスト，品質等がある。このうち利益評価は評価時点の観点から見れば，そのプロジェクトが計画通り実施されたかに関わるプロジェクト実施中（計画通り進んでいるかどうか）の評価と，完成後にその成果物を運用して計画通りの利益が出たかどうかに関わる事後評価の2種類がある。

前者の利益は実施途中で予算超過になっていないか，完成したときに予算超過になるのではないかということと直結するものであり，後者の利益はそのプロジェクトの成果が目的通りに達成されて当初見込んでいた目的通りの利益を生み出しているかという完成後のオペレーションの部分を含んだ評価，すなわち事後的な評価（成果物が目的通りのパフォーマンス，すなわち利益等を達成しているか）である。

前者で問題になるのは最初の見積もりの精度の低さの問題，スコープ確定の甘さ，リスク認識の漏れや甘さ，スポンサーからの変更要求の頻発などである。「見積もり精度の問題」はプロジェクトを受注したいあまり，低い見積をスポンサーに提出することである。価格競争に陥って，採算を考えない仕事の取り方はいずれ破綻するということである。

スコープ確定の甘さはスコープを甘く考え（スコープ定義作業の詰めの甘さ），細部を検討しないとコスト見積もりが十分でなくなり，結局予算内にプロジェクトのスコープや品質を満たすことができないということである。例えば，求められる成果物＝要素成果物A＋B＋C＋Dであるはずのものが，

141

A＋B＋Cで見積もれば，当然見積もりが過少になり，利益は少なく，赤字にすらなる。スコープの確定のためにはスポンサー（発注者）としっかりとしたコミュニケーションが重要である。

　リスク認識の漏れや甘さはプロジェクトの遂行中に関わるリスク認識が甘いと赤字プロジェクトになりやすいということである。リスクをきちんと認識していないと予備費の見積もりが過少になるからである。予備費（何か計画外のことが起きたとき，それに対応する費用）にはもともと，プライスエスカレーション（物価上昇を想定した予備費），フィジカルエスカレーション（材料の使用量が増加した場合の予備費）があるが，その他にも認識されたリスクへの対応策のための費用も予備費として見込まれない場合，赤字になりやすい。

　外部要因に起因する赤字は顧客からの変更要求によるものである。顧客によっては頻繁に仕様（スコープ）変更をしてくることがある。影響の大きい変更要求が出てくる可能性を十分予測して余裕のある予算見積もりをしておくことも必要である。変更要求があまりに多い顧客は十分に注意して，場合によってはプロジェクトを謝絶することも選択肢になる。ステークホルダーマネジメントとの関係も考慮する必要がある。プロジェクト内部でコントロールできない外部要因による変更が余儀なくされそうなプロジェクトは，予備費をしっかりと見積もっておくことが必要である。

　この他の赤字要因としてはプロジェクトチームの所属組織内での費用認識ルールの問題もある。同じプロジェクトマネジャーが複数のプロジェクトを担当している場合，コストの付け替えが許されるルール（組織文化上の風習による場合もある）があれば，余計なコストを付け替えられたプロジェクトは赤字になる。また，プロジェクト受注前の営業経費をプロジェクトのコストとして配賦されれば，プロジェクトの開始当初から赤字基調になる。プロジェクト受注前にスポンサーに丁寧な説明や打ち合わせをすることはプロジェクト開始後の成功確率を高めることは疑いないし，プロジェクトの品質を高めることになるのだが，こうした丁寧な営業がかえってプロジェクトの赤

字を招いてしまうということである。会社は各プロジェクトチームに受注前に一定数の営業活動用プロジェクトアカウントを設定し，営業予算を事前に配分する必要がある。

　加えて，プロジェクト遂行中の発生費用はすべてプロジェクト毎のコードを付し，発生したその月毎に発生状況をチェックできるようにしなければならない。すなわち，管理会計的な工夫によって，利益操作可能性を最小化すべきである。

　以上がプロジェクト開始から終結までに関わる利益パフォーマンスに関わる議論であるが，この他にプロジェクトはその後に続くオペレーション（成果物の操業・運用）まで含めたプロジェクトパフォーマンスが評価される場合もある。こうした評価をプロジェクトの事後評価（Post Evaluation）という（詳細は第13章3節参照）。

　このような評価視角は国際的なODA（政府開発援助）などの分野のプロジェクトでは常識になっているが，民間企業の商業的な分野でもこのようなプロジェクト完了後のオペレーションを考慮に入れたプロジェクトの「事後評価」は必要であると考える。以下，プロジェクトの利益パフォーマンスに関わる様々な評価視角を整理しつつ，プロジェクトのパフォーマンス管理向上のための実践的な示唆を考える。

2. プロジェクト遂行中のパフォーマンス評価

　プロジェクト遂行段階のパフォーマンスは，予算内にコストを抑えることをもって評価される。これは進捗段階のコスト発生に関わる評価である。これには大別して，EVM（Earned Value Management，出来高分析）による評価とそれ以外の評価という手法がある。EVM[1]のコストパフォーマンスに

1　EVA（Earned Value Analysis），EVT（Earned Value Technique）とも呼ばれる。

対する評価の考え方はスケジュール評価とコスト評価が表裏一体であるため，スケジュール（タイム）管理と併せて説明することにする。

（1）EVMによるスケジュールとコストのコントロールの管理

　EVMはプロジェクトの中間段階のパフォーマンスを監視し，必要であればプロジェクトの遂行手段を修正するための最も重要な手法の１つである。これはコストマネジメントのところで，言及したコストベースラインのような計画の「曲線」が時の推移とともに実際の「曲線」と乖離していく度合いをもって計画と実績の乖離をビジュアルに把握できるという長所をもっている。ここではEVMを用いて，「スケジュールの計画と実績の乖離」，「コストの計画と実績の乖離」，「監視時点の生産性が継続したという前提での完成時の予想」について説明する（**図表12-1**）。

　EVMで最も重要なのはEV，PV，ACの３つの概念である。この３つの概念からSV，CV，SPI，CPI，ETC，EACという６つの計算指標が算出される。以下で詳細に説明する。

◆図表12-1◆アーンドバリューマネジメントの例

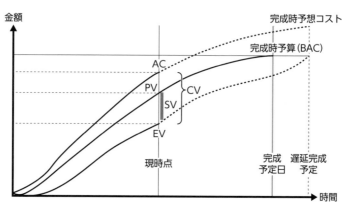

出所：筆者作成

① **EV**（Earned Value）＝出来高，すなわち，監視時点までに創出された
プロジェクトの価値

② **PV**（Planned Value）＝計画価値，すなわち計画時にその監視時点まで
にできているはずのプロジェクトの価値

③ **AC**（Actual Cost）＝実コスト，すなわちその監視時点までにすでに支
出してしまった費用

　すでに述べたようにこの手法の利益（コスト）パフォーマンスの評価はプ
ロジェクトのスケジュール進捗度と密接に関わっているため，まずスケジュ
ールパフォーマンスの分析（SV：Schedule Variance, スケジュール差異の
分析）を説明し，続いてコストパフォーマンスの分析（CV：Cost
Variance, コスト差異）の説明に進むこととする。

① **スケジュールの計画と実績の差異分析**
　本来，スケジュールが計画通りに進んでいれば，監視時点において出来高
は計画通りの価値であるはずである。また，出来高を得るために費やす費用
も計画通り，すなわち出来高を金額で表現した場合，出来高と費用が等価で
あるはずである。例えば，100メートルの舗装道路を建設する場合，予算が
100万円であるとしよう。完成時には100万円を費やして，完成するはずであ
る。すなわち100メートルの舗装道路は100万円の価値をもつということでも
ある。
　途中段階でこの道路舗装プロジェクトのパフォーマンスを知るために，
EVを調べたら，40メートル，すなわち40万円分（EV）しか舗装できていな
かった。計画によればその時点までには60メートル分，すなわち，60万円分
（PV）舗装できているはずであった。この場合，EV－PVの差が，スケジュ
ール的な遅延ということになる。スケジュールの計画と実績の差がSVである。
すなわち，

スケジュール差異（SV）＝作られた価値（EV）－計画価値（PV）

である。上記の道路プロジェクトの場合，$EV-PV=40-60=-20$（マイナス20）という計算結果になるから，このプロジェクトはスケジュールが20万円分遅延していると，そのパフォーマンスを評価することになる。計算においては常に$EV-PV$の順番にすることに定めているため，計算結果の符号により以下のように判定する。

SV＜0　　　スケジュールが計画より遅れている。
SV＝0　　　スケジュールが計画通り。
SV＞0　　　スケジュールが計画より進んでいる。

これは引き算による判定であるが，予算規模の違うプロジェクトの進捗を比較判定する場合には不便であるため，割り算による計算も用いられる。すなわち，

スケジュール効率指標（SPI：Schedule Performance Index）＝EV/PV

である。上記の道路プロジェクト事例の場合，$EV\div PV=40/60=0.67$という計算結果になるから，33％スケジュールが遅れていると判定できる。計算においては常に$EV\div PV$，すなわち，EV/PVの分子分母関係にすることを定めているため，計算結果が1を挟んで大か小かによって以下のように判定することができる。

SPI＜1　　　スケジュールが計画より遅れている。
SPI＝1　　　スケジュールが計画通りである。
SPI＞1　　　スケジュールが計画より進んでいる。

②　コストの計画と実績の差異分析

　本来，EVは，もし計画通りに順調にプロジェクトが進んでいれば，計画通りの予算に見合った支出によって創出されるはずである。もし，EVとACが乖離していれば，計画を超えた支出をしてそのEVを創出したか，計画を下回った支出で創出したか，ということになる。

　例えば上記の100メートルの道路舗装プロジェクトにおいて監視時点でEV＝40メートル，すなわち40万円分の価値を創出しているにもかかわらず，それまでの実際の支出であるACが，80万円であったとしたら，80万円かけて40万円分の仕事をしたことになり，パフォーマンスは計画に比べて40万円，すなわち，比率にして50％低いということになる。コストの計画と実績の差のことをコスト差異（CV：Cost Variance）という。この場合のコストパフォーマンス（コスト差異）を判定する計算式は下記のようになる。

コスト差異（CV）＝作られた価値（EV）−実際のコスト（AC）

　上記の道路プロジェクトの場合，EV − AC ＝ 40 − 80 ＝ − 40（マイナス40）という計算結果になるから，このプロジェクトはコストが40万円分超過していると，そのパフォーマンスを評価することになる。計算においては常にEV − ACの順番にすることに定めているため，計算結果の符号により以下のように判定することができる。

CV＜0　　　コストが予算を超過している。（予算超過である）
CV＝0　　　コストが予算通りである。
CV＞0　　　コストが予算内に収まっている。（予算を下回っている）

　SPIと同様に予算規模の違うプロジェクトの進捗を比較判定する場合には不便であるため，割り算による計算も用いられる。すなわち，

コスト効率指標（CPI：Cost Performance Index）＝EV/AC

である。割り算で比率にすると，EV÷AC＝40／80＝0.50という計算結果になるから，50％コストを超過していると判定できる。計算においては常にEV÷AC，すなわち，EV/ACの分子分母関係にすることに定めているため，計算結果が1を挟んで大か小かによって以下のように判定することができる。

CPI＜1　　　コストが予算を超過している。
CPI＝1　　　コストが予算通りである。
CPI＞1　　　コストが予算内に収まっている。

　上記のコスト効率（CPI）が改善されないまま，プロジェクトが進捗していくと，完成時にはどれくらいのコスト（EAC：Estimate to Completion，完成時コスト見積もり）になるであろうか。これがプロジェクトマネジャーの最も懸念する関心事であろう。これは以下の計算式で算出できる。再度，100メートル道路舗装プロジェクトを例にとって考えてみよう。

　すでに過去に支出したACは80である。したがって，今後の支出見込み（ETC：Estimate to Completion，完成までのコスト見積もり）は残作業（BAC：Budget to Completion，総予算）からこれまでにでき上がった作業分EVを控除して残作業分をどのようなコスト効率で処理していくか，という問題になる。

　したがって，ETC＝（BAC－EV）÷CPIということになる。CPI＝EV/ACだから，書き換えると，ETC＝（BAC－EV）÷EV/ACである。これに道路プロジェクトの実数を代入してみると，ETC＝（100－40）÷40／80＝120となる。これから120の支出を見込まなければならないということである。すでに60のACを支出しているため，完成時のEAC＝60＋120＝180である。当初の予算BACは100であったから，なんと80％の予算超過になるということである。これを計算式で一般化すると，以下のようになる。

完成時コスト見積もり（EAC）＝AC＋ETC＝AC＋（BAC－EV）/CPI

　もちろん，プロジェクトマネジャーはこの状況を手をこまねいて黙って放置しておくことはないであろう。以降，計画通りの生産性を計画どおりの CPI＝EV/AC＝1 に戻すことができれば，上記の計算式は，

完成時コスト見積もり（EAC）＝AC＋ETC＝AC＋（BAC－EV）/1

になる。また，それ以降の作業をチーム内部で継続することをあきらめて，外部の企業等にアウトソーシング（調達）し，その企業が残作業の費用見積もりとして，一定額を示してきた場合にはもはや，（BAC－EV）/CPIの項は不要であり，計算式は

完成時コスト見積もり（EAC）＝AC＋ETC＝AC＋調達先からの費用見積もり

となる。仮に調達先からの見積もりが35であったとすると，完成時コスト見積もり（EAC）＝AC＋ETC＝AC＋35＝60＋35＝95となり，予算内でプロジェクトを完成させることができる。このようにEVMは実に明確でパワフルなパフォーマンス（スケジュール，コスト）評価・判定手法である。様々なプロジェクトマネジャー試験では必出の問題である。しかし，実践的課題として気をつけなければならない点もある。

【ケーススタディとポイント】（その５）

　A社は新興住宅街開発地の上下水道工事を一家庭あたり50万円で請け負った。エリア内の100世帯の上下水道を１月から10月までの10か月をかけて使える状態にしなければならない。毎月の工事の生産性は一定と仮定してスケジュールを計画している。ちょうど中間地点の５月までの進捗状況を調べたところ，40世帯完成していた。この間に支出した費用は4000万円であった。プロジェクトマネジャーはEVMによりスケジュールとコストについて計画対実績を評価することにしたが，その結果は芳しくないと感じている。これまでの実際の生産性に問題があるようである。このまま生産性（コスト効率指数CPI）が改善しない場合，本プロジェクト完了時にはどのくらいの予算超過になるのかを試算した。

ポイント（問題：計算してみよう）

① 現時点でのスケジュールの遅れSVはいくらか？
② 現時点でのコストと予算計画値との乖離CVはいくらか？
③ 現時点でのコスト効率指数CPIはいくらか？
④ これまでの効率が改善されない場合，完成時コスト見積もりEACはいくらか？
⑤ プロジェクトマネジャーの改善でコスト効率指数が計画値に回復した場合，EACはいくらか？
⑥ 残りの作業（残作業）を外注し，外注会社がその作業見積もりを1000万円と提出してきた。この外注会社にアウトソーシングした場合，EACはいくらか？

答え

① SV＝EV－PV＝2000－2500＝－500
　500万円分のスケジュール遅れ
② CV＝EV－AC＝2000-4000＝－2000
　2000万円分の予算超過
③ CPI＝EV/AC＝2000／4000＝0.5
　生産性は計画時の半分
④ EAC＝AC＋ETC＝4000＋(5000-2000)/0.5＝10000
　計画総予算BACの２倍かかる。

⑤　EAC＝AC＋ETC＝4000＋(5000-2000)＝7000

　　計画総予算BACを2000万円超過。

⑥　EAC＝AC＋ETC＝4000＋1000＝5000

　　計画総予算BACと同額で完了。

出所：筆者作成

（2）EVM以外のパフォーマンス評価視角と実践的課題

　EVMは以上のように実に明確でパワフルなパフォーマンス評価手法であるが，パフォーマンス要素をすべて金額ベースで数値化してしまうために以下のような欠点がある。

　まず，第一に重要な作業でもコストに変換し，その数値が小さい場合にはそれを軽視してしまうということである。そのため，その作業に遅れが生じていても対応の優先度を下げてしまうという危険性がある。第二には，EVMでは作業毎のパフォーマンス，担当者個人毎のパフォーマンスを把握することができない，ということである。第三にはタイムマネジメントにおいて重要な管理ツールである作業同士の時系列的依存関係を示すクリティカルパスやクリティカルチェーンなどの視点が欠落してしまうことである。このような欠点を補うために，以下のような管理ツールも併せて用いられるべきであろう。

　まず，担当者毎の状況を把握するために用いられるのが，担当者別進捗状況表である（**図表12-2**）。

　スケジュール管理の手法であるガントチャートを用いる方法もある（**図表12-3**）。計画スケジュールのバーと実際のバーのずれを用いて，スケジュールの遅れをビジュアルに示すのである。矢印のバーのずれでもわかるが，△，▼でそれぞれ作業の開始と終了を表し，日付を付すことにすれば，マイルストーンチャートになる。それだけでも計画と実績のずれがわかる。

　また，予算を月毎に配分した予算実績支出表によってもプロジェクトの時

◆ 図表12-2 ◆ 担当者別進捗状況表

氏名 (担当)	3月				4月				5月				備　考
	1週	2週	3週	4週	1週	2週	3週	4週	1週	2週	3週	4週	
鈴木 (デザイン表)	○	○	○	○	○	○	○	50% 完成					外部デザイナーの欠員に より遅延
山崎 (色彩効果準備)	○	○	○	○	○	○	○	○	○	○			予定通り
村田 (照明準備)	○	○	○	○	○	○	○	○	○	○			予定通り
清水 (大道具)	○	○	○	○	○	○	○	30% 完成					材料調達の遅れ，監督か ら変更要求

注　：○：完了を示す。
出所：金子（2012）より筆者作成。

系列的な要因と関連付けた利益（コスト）パフォーマンス評価を行うことが可能である。**図表12-4**の事例によると5月1日に監視を行ったところ，直接人件費が2月から予算オーバーの傾向があることがわかる。他方，外注費も異常値を示している。外注費は4月になって急に予算を大幅に下回っている。

　これから推察できることは「外注作業が何らかの事情で進捗が遅れたため，チーム内のメンバー（直接人件費の源泉）がそれをカバーするために残業を行った」あるいは「チーム内の作業成果に基づいて外注に発注して完成させるはずだったが，チーム内の作業が遅れたため，外注先の企業が作業に入れず，支出が発生しにくくなっている」かのいずれかである。以上，EVM以外のパフォーマンス評価の手法の例を3種類紹介したが，工夫次第ではこれ以外にも考えられる。

　EVMの他に非EVMのパフォーマンス評価手法を常にチェックするためにはプロジェクトマネジャーに十分な時間を与える必要があるが，ただでさえ忙しく，過労気味のプロジェクトマネジャー業務の中ではおそらく不可能であろう。望むらくは，様々なプロジェクトマネジャーを支援する共通の組織があればよい。すなわち，プロジェクトマネジメントオフィス（PMO）である。ここでは個別プロジェクト支援としてEVMや非EVMを用いた進捗管

◆図表12-3◆ ガントチャートでの作業別進捗状況線表

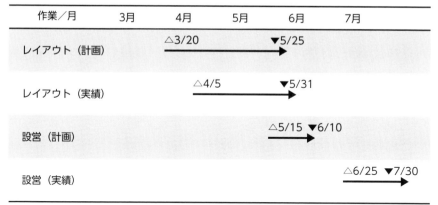

出所：筆者作成。

◆図表12-4◆ 予算実績支出表

経費項目		2012年5月1日現在（金額：万円）							
		1月	2月	3月	4月	5月	6月	7月	8月
直接人件費	予算	500	1000	2000	3200	4800	5900	6500	7100
	実績	450	1250	2500	3750				
外注費	予算	0	0	1200	4500	5400	7600	8000	8200
	実績	0	0	1200	2000				
材料費	予算	300	500	700	790	850	1000	1300	1500
	実績	300	510	690	780				
合計	予算	800	1500	3900	8490	11050	14500	15800	16800
	実績	750	1760	4390	6530				

出所：中島・中（2010）より筆者加筆

理やコスト管理の支援が行われるべきであろう。また，プロジェクト業務の
組織的能力向上のための側面支援も必要である。例えば人材研修，ITアプ
リケーションの開発などを用いた実績把握システム，共通機材・設備の調達
と維持管理である。

　以上長々とプロジェクト遂行中に用いられる評価手法を解説してきた。こ
れらは通常，プロジェクト終結までのプロセスで行われている定番の評価視
角である。次章より終結後の利益パフォーマンスを評価する視角に関わる問
題を検討する。

第13章

プロジェクトの利益評価の
実務的問題とは何か

1. 費用認識のタイミングの問題
―費用の付け替えへの誘惑リスク―

　今，プロジェクトマネジャーが複数のプロジェクトを担当していて，それらすべてを黒字にすることがプロジェクトマネジャーの評価となる場合，プロジェクトマネジャーは，赤字基調のプロジェクト（ここではプロジェクトAと呼ぶ）の費用を黒字基調のプロジェクト（ここではプロジェクトBと呼ぶ）に付け替えて，AとBの両方を黒字プロジェクト，すなわち「利益的に成功した」と見せようという誘惑に駆られるかもしれない。特に直接人件費の認識は主観的であり，こうした操作がしやすい[1]。もし，そのような操作がなされた場合，このプロジェクトマネジャーの人事上の評価は良くなるであろう。しかし，それぞれのプロジェクトの利益的パフォーマンスを適切に評価することはできなくなってしまう。マネジメント上の様々な問題点も「成功」という美名に隠蔽されてしまう危険性がある。

　もっと悪質なプロジェクトマネジャーであれば，今年度決算期前に完了する（売り上げが立つ）Aの費用を，来年度決算期に完了予定のBに付け替えるかもしれない。この場合，Bは加重な費用を抱えることになり，来年度決算期に「赤字プロジェクト」として完了する（売り上げが立つ）危険性が高まる。しかし，営業においては有能なこのプロジェクトマネジャーが次のプロジェクトCを受注し，その完了期が2期後の決算期の完了予定プロジェク

1　1日のうち何時から何時までプロジェクトAに従事し，何時から何時までプロジェクトBに従事した等はきちんと社内のシステムで管理する必要がある。チェックする人間がいない場合は本人の記憶の中でも曖昧になりやすいからである。

トであれば，Bの過重な費用をCに付け替えて，またもや費用を将来に先送りにし，引き続き「担当プロジェクトすべてを黒字で完了させるプロジェクトマネジャー」と高い評価を維持できるであろう。しかし，これはしてはいけないことである。

こうしたことができるのは財務会計上のプロジェクトのすべての費用計上はプロジェクトが完了した時点で認識されるからである。**図表13-1**における財務会計的な原価計算の考え方に基づいているからである。この考え方においてはプロジェクトが正式に終結（完了）するまではコストは認識されない。したがって，その間に「決算期」が到来しても，完了していないプロジェクトのコストは損益計算書に乗らない，すなわち「発生していない」と見なされる。そのコストは仕掛かり在庫のように貸借対照表の財務会計の「棚卸資産」のなかに「眠っている」のである。こうなると，個々のプロジェクトの真実の採算性がわからなくなるため，プロジェクト運営上の問題点や失敗経験（これは「教訓」として組織の智慧となる貴重なものである）が表面化せず，蓄積できなくなってしまう。こうした状況は決して看過してはいけない。

ところで，プロジェクトは終結プロセスで「教訓のまとめ」を行う。これがプロジェクト開始から完了に至るまでの反省会であり，以降のプロジェクトマネジメントをより良いものにするノウハウの蓄積である。これに加えて，IT業界やコンサルティング業界などではプロジェクトチーム以外の部署，例えばカスタマーリレーションなどの部署が発注者，すなわちスポンサーに満足度を問うアンケートを書いてもらったり，直接赴いて不満や不満足点を聞き取るようにもなっている。これは大変良いことであり，こうした機会を次の営業活動に活かしていくこともできる。すなわち，発注者から厳しい評価を受けたとしても，期待しているからこその辛口コメントであろうし，受注したプロジェクトチームもプロジェクト進行中ではなかなか聞けなかった要望を聞き，次のプロジェクト受注の「種」とすることもできる。

プロジェクトマネジャーを費用の付け替えの誘惑にさらさないために，利

◆ 図表13-1 ◆ プロジェクトパフォーマンスと会計の関係

原価計算の考え方		費用計上のタイミング	プロジェクトパフォーマンスへの影響
①の考え方	全部の原価を一括して計上する。（財務会計的）	原価（コスト）は完成し，売り上げたプロジェクト分のみ計上される。	プロジェクト毎の財務パフォーマンスが売り上がるまでわかりにくい。
②の考え方	原価を認識した時点で計上する。（月次等）（管理会計的）	月次等の期間を区切って進捗に合わせて，変動費，固定費を計上する→「月次決算が可能」	不良資産となるプロジェクトを早い時期に見極めやすい。毎月の費用の発生トレンドが認識しやすいため。

出所：筆者作成

　益だけをプロジェクトマネジャーの評価にしないとともに，プロジェクト遂行中の発生費用はすべてプロジェクト毎のコードを付し，発生したその月毎に決算（月次決算）できるようにすれば，費用を恣意的に同じプロジェクトマネジャーが担当している他のプロジェクトに付け替えることを防げる。**図表13-1**でいえば，管理会計的な②の考え方を徹底することである。そのためには**図表13-1**の管理会計的な考え方をルールとして導入し，社内で原価発生時点で，すぐさま当該プロジェクトに費用付加する技術（コンピュータシステム）を整備しなければならない。

2. 受注営業にかかった費用をどうするか ─プロジェクトの費用か会社の費用か

　プロジェクト受注前にスポンサーに丁寧な説明や打ち合わせをすることがプロジェクト開始後の成功確率を高めることは疑いない。しかし，受注もしていない段階のこのような「説明活動・打ち合わせ活動」に伴う費用（直接人件費，交通費等）をプロジェクト会計に計上すると開始後の本来のプロジェクトマネジメントが成功し，黒字であったとしても，結局はプロジェクトチームの利益パフォーマンスが良くないように見えてしまう。

　このような状況を避けるために，会社は各プロジェクトチームに営業活動用プロジェクト予算を設定し，営業活動のために事前に配分しておく必要がある。プロジェクトチームが所属する管理上の組織（課，部，本部など）にその管理を権限委譲して，ある程度柔軟に営業活動を行えるようにするのがよいであろう。丁寧な説明や打ち合わせは顧客の信頼を獲得することにもなり，結果的にそのプロジェクトが効率良く完了することにつながれば，会社としても決して「無駄なコスト」でない。

3. 完成後のオペレーション期間を含んだ利益評価（事後評価）

　ところで，第1章でプロジェクトの説明をした際に，プロジェクトはその後に続くオペレーションと併せて構想されることも多い，ということを述べた。すなわち，この場合はオペレーションのパフォーマンスを含めたプロジェクトのパフォーマンス評価が必要であるということである。こうした評価をプロジェクトの事後評価（Post Evaluation）という。このような事後評価においては国家間で行われる経済協力プロジェクト，開発援助（ODA）において通常必ず行われている。考えてみればこれは至極当然なことである。なぜなら，このようなプロジェクトは，例えば日本の場合，国民（納税者）の税金や政府保証債券，郵便貯金などが原資であり，外交上の必要上もあって，予算規模が多額であるからである。当然，会計検査院の監査対象でもある。

　事後評価視角すなわち評価基準は「妥当性」（プロジェクトと発展途上国の開発政策との整合性），「有効性」（プロジェクトの成果物がその後のプロジェクト対象地域の発展に効果をもたらしたか），「インパクト」（プロジェクトの成果物がその後，関連する分野に好ましい波及効果をもたらしたか），「効率性」（プロジェクトが計画通り遂行されたかどうか），「持続性」（プロジェクトの効果が持続するための体制が確立されているか）の5つの視点で

ある[2]。次の**図表13-2**にあるように，このうち「インパクト」を除く，4つの視点でレーティング（成績評価グレード付け）が行われている。ODAのような特殊な分野にとどまらず，民間企業の商業的な分野でもこのようなプロジェクト完了後のオペレーションを考慮に入れたプロジェクトの「事後評価」は必要であると考える。特にプロジェクトの立ち上げの際に実行するか否かを判断する際に行われたフィージビリティスタディの経済性分析（投資回収期間法，ROI，正味現在価値法，IRR法[3]等）による結果数値と事後評価時の同じ手法による結果数値との比較は事後評価における利益パフォーマンス評価に重要な示唆を与えてくれる。

　以上のプロジェクトの利益評価の他にアリエフ・ゴールドラットの「制約理論（TOC）」に基づく，評価視角もある。この視角は成果物がオペレーション段階で生み出す差異のコストに管理会計的なコストを用いず，制約条件を最大に活用するような環境を構築し，その条件の下で実現し得る製品1単位あたりのスループット（生産システムが販売を通じて生み出す資金の速度）と製品価格，そして純変動費のみを用いて，事業体全体の総スループットΣTTPに着目するものである[4]。

　本章ではプロジェクトを「赤字にしない」ということを目標とする対応を適切にするための評価視角を様々な問題点と併せて整理し，若干の対応策を示唆した。改めて，まとめるならば，そのための評価視角として2つの視角をもつべきである，ということである。すなわち，「プロジェクト遂行中の評価視角」，「プロジェクト完成後の視角」である。

　最初の「プロジェクト遂行中の評価視角」は多くのプロジェクトマネジメントの教科書ですでに強調されており，そのための手法も定着している。EVMが特に著名であるが，極めて知識的・技術的な方法であり，要素成果物や担当者レベルのパフォーマンスまで降りて，評価することが難しい。そ

2　先進国等で構成されているOECD（経済開発協力機構）のDAC（開発援助委員会）が定めたもの。

3　IRR（内部収益率）法には財務的IRR（FIRR）と経済的IRR（EIRR）が存在し，一般の民間プロジェクトにはFIRRが，経済協力プロジェクトにはFIRRとともにEIRRが併用される。

4　佐々木訳（2005, pp.34-47）。

◆図表13-2◆開発援助（ODA）プロジェクトの事後評価項目

評価視点番号	評価視点	判断基準	評価基準
1	妥当性	プロジェクトと発展途上国の開発政策との整合性	完全に整合　a 部分的に整合　b 整合せず　c
2 (3)	有効性（インパクトも考慮）	プロジェクトが計画通り遂行されたかどうか（プロジェクトの成果物がその後，関連する分野に好ましい波及効果をもたらしたか）	80%以上の有効性　a 50%以上の有効性　b 50%未満の有効性　c
4	効率性	プロジェクトが計画通り遂行されたかどうか	工期： 工期が計画通りあるいは短期化に成功　A 100%～150%の工期　B 150%以上の工期　C コスト： コストが計画通りあるいはそれ以下　a 計画比100%～150%のコスト　b 計画比150%以上のコスト　b 上記双方の評価結果を組み合わせて， Aaの場合→A AB，Ba～Bbの場合→B Bc，Cb，Ccの場合→C
5	持続性	プロジェクトの効果が持続するための体制が確立されているか	非常に持続性が認められる　a 持続性に特に問題はない　b 持続性に懸念される点がある　c
	総合評価	総合評価	上記項目の重み付けを定めたフローチャートにより判定

出所：小林（2011）を筆者が簡素化

のために非EVMの手法と併せて用いられている。現場のプロジェクトマネジャーやプロジェクトチームにとって重要な視角である。

　「プロジェクト完成後の視角」はプロジェクトチームが所属する企業や団

体にとって重要である。プロジェクトが最終的に予算内に収まって，会計上の利益を生み出しているかどうかはプロジェクトを生業としている建設業界，コンサルティング業界等にとって組織を維持していくための必要条件である。しかしながら，プロジェクトチームが多くのプロジェクトを兼務することになると，費用の管理が複雑になり，プロジェクト間の費用の「融通」，すなわち，費用の付け替えなどの行為が行われやすい。この結果として，プロジェクト毎の利益パフォーマンスの評価が実態とかけ離れてしまう。これを防ぐための視点が必要である。社内管理会計上のルールの確立に加えて，プロジェクトマネジャーに対する人事評価を見かけ上の利益ではなく，プロジェクトの品質（顧客満足度）や社内人材の育成などを含めた総合的な評価に拡張していくことで，費用の付け替えの誘惑を断ち切ることができると思われる。

　「プロジェクト完成後の視角」にはもう1つの観点がある。それはプロジェクト完成後，その成果を運用して生み出す利益（財務会計上の利益概念ではなくキャッシュフローで行うことも多い）を含めた評価を行うという観点

◆**写真13-1**◆**対フィリピン円借款事業**（日本政府のODAプロジェクト）
　　　　　　ミンダナオコンテナ埠頭

出所：筆者撮影

である。これはプロジェクト成果を受領したスポンサー（顧客）側の視角として重要である。プロジェクトは完成しただけでは顧客にとって意味はなく，問題はそれが将来にわたり目指す利益を出し続けることができるかどうかにある。こうした観点から，経済協力プロジェクトで良く採用されている「事後評価」が重要である。完成後に一定年数成果物を運用し，その後に評価するものである。

　このような先進国が発展途上国に経済援助するインフラプロジェクト以外にも自国の経済発展のために巨大なインフラプロジェクトを行うことも多い。日本も高度経済成長期には多くの巨大インフラプロジェクトを行ったが，近年では中国がその莫大な資金を投入して国内のインフラ建設プロジェクトを急ピッチで推進している。こうしたプロジェクトは関連地域の他の複数の相互補完的なプロジェクトと同時進行的に進められる「プログラム」的なものになっており，そのため投入する金額が莫大である。したがって，その成果物の経済性を評価することは至難の業である。投資金額の回収には長い期間が必要であり，その間に改修も必要になるため，単純なプロジェクトマネジメント上の経済性評価はむしろ適さないであろう。おのずと裨益する地方丸ごと，あるいは極端な場合一国全体のGDP（国内経済規模）がこの期間にどのくらい拡大したか，などのマクロ的な社会経済評価が適しているであろう。

コ ラ ム 4

国家的インフラ開発プログラムにおけるプロジェクトの事例
―中国華南地域開発プログラムとインフラプロジェクト群―

　中国の広東省と香港特別行政区・マカオ特別行政区から成る粤港澳大湾区（広東・香港・マカオ・グレーターベイエリア，以下「大湾区」）は，7200万人の人口を抱え，域内総生産は1兆6795億米ドル（1人あたりは2万3371米ドル）という，中国における有数の経済エリア・工業地帯である。2017年7月1日に，国家発展改革委員会と広東省・香港・マカオ政府が署名した取り決め（「深化粤港澳合作 推進大灣區建設框架協議」）によって始動したこの「大湾区」構想について，2019年2月に中央政府が発表した「粤港澳大灣區發展規劃綱要（広東・香港・マカオ大湾区発展計画綱要)」は，2022年までの短期目標・計画，また2035年までの長期的な展望について規定している[1]。

　この「規劃綱要（プログラム概要)」の中で，中央政府は「大湾区」について「我が国において最も開放されており，経済の活力が最も強く，国家発展の局面において重要な戦略地位」と述べ，特にインフラ建設については，香港や深圳，広州各空港の機能拡張とともに，「大湾区」内の主要都市間を1時間以内で移動できるようにする目標を掲げ，高速鉄道や高速道路の建設，本土・香港間および本土・マカオ間のボーダーゲートの増設を推進している[2]。特に香港に関わるインフラ建設について，香港政府は5つのプロジェクトを挙げている[3]。

　第一に，2018年9月に全線開通した香港・深圳・広州高速鉄道である。これまで在来線で2時間強かかった香港・広州間を47分（香港・深圳間は14分）で結ぶこの高速鉄道は，金融都市である香港とスタートアップ企業が集まる深圳，自動車産業の中心地である広州の結びつきを強め，エリア全体の成長を底上げする狙いがあるとされる。また高速鉄道の開通によって，本土から香港への観光客の増加や，香港から深圳や広州の不動産に対する投資の増加も見込まれている[4]。

1　中華人民共和国中央人民政府（2019）「中共中央 国務院印发《粤港澳大湾区发展规划纲要》」http://www.gov.cn/zhengce/2019-02/18/content_5366593.htm#1（2020年11月23日閲覧）
2　同上
3　中華人民共和国香港特別行政区政府（2019）「粤港澳大灣區・互聯互通・基礎建設」https://www.bayarea.gov.hk/tc/connectivity/key.html（2020年11月23日閲覧）
4　日本経済新聞（2018）「香港・広州間の高速鉄道開通　中国職員が出入境審査」https://www.nikkei.com/article/DGXMZO35685170T20C18A9FF8000/（2020年　11月23日閲覧）

　第二に，2018年10月に開通した香港・珠海・マカオ大橋である。総工費１千億人民元，海上橋としては世界最長となる全長55キロメートルのこの橋は，フェリーで１時間かかった香港・マカオ間をバスで35分で結ぶとともに，従来陸路で４時間以上要した香港から広東省珠海への道のりを僅か45分へ大幅に短縮した。これによって，物流面のみならず，海外および中国本土から香港（空港）を訪れる観光客を珠江デルタの他の地域に誘致する効果も期待されている[5]。

香港・深圳・広州高速鉄道の車両「動感号」

香港・珠海・マカオ大橋　　　　　香港発マカオ（澳門）行き
　　　　　　　　　　　　　　　　シャトルバスの乗り場

　第三に，香港の出入境ポイントとしては15か所目（陸路としては７か所目）となる蓮塘／香園圍口岸である。2020年８月に供用が始まったこのボーダーゲートは，香港と深圳東部を結び，香港から恵州や汕頭など広東省東部へのアクセスの

5　CNN.co.jp（2018）「世界最長の海上橋「港珠澳大橋」〈2〉」https://www.cnn.co.jp/world/35120650.html（2020年11月23日閲覧）

向上を目的としている（九龍塘から惠州に向かうバスでは，約30分の短縮効果）[6]。また，人の流れより物流に主眼を置いた税関となっており，1日あたり1万5000台の貨物車両の税関業務をこなす能力を備えている[7]。

　第四の南沙大橋は広州市南沙区と東莞市沙田鎮を結び，2019年4月に開通した。虎門大橋に次ぐ，珠江を跨ぐ第二の橋として珠江河口の東西両岸の交通渋滞を大幅に緩和する効果があると見られている[8]。

　最後に，2024年に開通予定の深中通道は，深圳市宝安区と中山市を海底トンネルと海上橋で結ぶプロジェクトである。深圳・東莞・惠州エリアと珠海・中山・江門エリアが最短距離で結ばれることとなり，特に深圳と中山間は車での所要時間が2時間から20分に大幅に短縮される予定である[9]。

　以上のように，数々の巨大なインフラによって広東省と香港，マカオは「大湾区」として，急速な一体化が進んでいる。その一方で，中国本土と香港，マカオは税制や法体系がそれぞれ異なり，それらがさらなる一体化・発展のための障壁となっていることもまた事実である。今後，建設された巨大インフラによってさらにヒト・モノの往来が増加し続ければ，実務として，制度や政策面でも改善や工夫を行わざるを得なくなり，出入国手続きのさらなる簡素化や法令・税制の統一などソフト面でのプロジェクトも打ち出されるであろう。

（文章・写真　小林　慧）

6　香港経済新聞（2020）「香港の15カ所目のボーダー「蓮塘／香園圍口岸」供用開始」https://hongkong.keizai.biz/headline/1402/（2020年11月23日閲覧）
7　香港経済新聞（2020）「香港の15カ所目のボーダー「蓮塘／香園圍口岸」供用開始」https://hongkong.keizai.biz/headline/1402/（2020年11月23日閲覧）
8　新華網日本語（2019）「珠江をまたぐ2本目の橋，南沙大橋が開通」http://jp.xinhuanet.com/2019-04/05/c_137951543.htm（2020年11月23日閲覧）
9　中華人民共和国香港特別行政区政府（2019）「粤港澳大灣區・互聯互通・基礎建設」https://www.bayarea.gov.hk/tc/connectivity/key.html（2020年11月23日閲覧）

第Ⅴ部のまとめ

- プロジェクトの採算性やプロジェクト運営上の失敗経験（これは「教訓」として組織の智慧となる貴重なものである）を正確に蓄積するために，利益だけをプロジェクトマネジャーの評価にしないとともに，プロジェクト遂行中の発生費用はすべてプロジェクト毎のコードを付し，発生したその月毎に発生状況をチェックできるようにしなければならない。すなわち，管理会計的な工夫によって，利益操作可能性を最小化すべきである。

- プロジェクト受注前にスポンサーに丁寧な説明や打ち合わせをすることがプロジェクト開始後の成功確率を高めることは疑いない。会社は各プロジェクトチームに受注前に一定数の営業活動用の予算を事前に配分する必要がある。

- プロジェクトはその後に続くオペレーションと併せて構想されることも多い。この場合はオペレーションのパフォーマンスを含めたプロジェクトの中長期的パフォーマンス評価が必要である。こうした評価をプロジェクトの事後評価（Post Evaluation）という。

- 事後評価はODA分野のプロジェクトでは常識になっているが，民間企業の商業的な分野でもこのようなプロジェクト完了後のオペレーションを考慮に入れたプロジェクトの「事後評価」は必要であると考える。

第 VI 部

プロジェクトスタッフに関わる
実践的課題を考える

第 14 章

プロジェクトマネジャーの育成と 実践的課題とは何か

1. プロジェクトマネジャーの教育

プロジェクトマネジャーに求められる資質と能力は天性のものではない。プロジェクトもそれぞれ異なれば，メンバーやスポンサー等も様々に異なり，そのようなバリエーションに富む状況で唯一無二のベストな資質と能力等が存在するはずがない。しかし，その共通項としては，やや抽象的にはなるものの，以下の点が「必要条件」としてプロジェクトマネジャーには求められる。

まず，「成果を求める強い意志をもつこと」である。成果物の完成という最終目標まであきらめない心，忍耐力，そして人間力である。これは人生全般の成功のためにも必要不可欠な資質であるかもしれない。

第二は「戦略的思考を磨くこと」である。短期的には計画通りにプロジェクトを推進することは大事であるが，目先の最適解と最終的な最適解は必ずしも一致しない。短期的なメリット，デメリットを超えた大きな視野をもつことが必要である。また，短期的でかつ自己中心的な解だけを優先させると部下のプロジェクトメンバーからの信頼感を失う場合もある。

第三は「顧客の視点に立つ志向をもつこと」である。これはあらゆるビジネスにおいていわれることであるが，だからといって簡単であるというわけではない。むしろプロジェクトマネジメントにおいては最も身につけるのが難しいものである。顧客の要求をすべて受け入れるのがプロジェクトにとって最適でない場合もあるからである。顧客の要求がプロジェクトにとって，むしろ新たな問題点やリスクを招来するのであれば問題点を正確に把握した

169

うえで，顧客にその要求を取り下げるように直言しなければならない。このことをうまく運ぶためには顧客との信頼関係がカギになるであろう。

　ところで，PMBOK®第四版等ではプロジェクトマネジャーに求められる能力（コンピテンシー）として以下のことを提唱している。まず，そのプロジェクトの分野（例えば，建設，IT，コンサルティング，新製品開発，組織変更，M&A等）についての深い知識である。ことさら，プロジェクトマネジメントをうたわなくとも，優れたビジネスパーソン全般にとって必要な能力である。次にプロジェクトマネジメントに関する基礎的，標準的な知識と経験である。また，人間性の具体的な中身として「優れた人格」，「リーダーシップ」，「統率力」が必要とされる。この他に「理解力」として相手の立場に立って考えること，わかりやすく伝えること，幅広い視野，考え抜く力（将棋や囲碁の棋士のように以降の様々な展開を想定する力）等やや具体的に言及している。

　それでは以上のようなコンピテンシーを備えたプロジェクトマネジャーをどのように育成したらよいのだろうか。**図表14-1**は日本IBMのプロジェクトマネジメント専門家の紹介によるプロジェクトマネジャー企業内教育事例である[1]。それによれば自分自身が当該プロジェクトのプロジェクトマネジャーであったら，どのような行動をとり，どのようなコントロールをするかをグループで討議するワークショップスタイルの研修が効果的であると指摘する。以下，その4つの構築プロセスを概観する。

　図表14-1の段階が完成したら，実際に3人×4チーム＝12名程度の規模で3時間〜5時間の短時間で，主に最適なコンピテンシーに重点を置きながら（例えば，知識コンピテンシーと実践コンピテンシー等）に絞って，Questionに即してディスカッションを行う。例えば以下のようなQuestionが考えられそうであるという。

　Q1　あなたはなぜ認定されたプロジェクトマネジャーになりたいのか

1　余語（2012）。

◆図表14-1◆プロジェクトマネジャーの教育プログラム構築の事例（IT企業の場合）

① **ターゲティング（プロジェクトマネジャーのレベル分け）**
　入門レベル，基礎レベル，経験レベル，専門家レベル
　レベルに合わせて知識，実践，人格のコンピテンスを組み合わせて研修を行う。

② **モデルプロジェクトの選定**
　プロジェクトの5つのプロセス群について教訓がきちんと残されている過去の
　プロジェクトをモデルケースとして選定。

③ **ストーリーの展開**
　以下の点について実際にあったプロジェクトに忠実に経緯を再構築する。
　・プロジェクトの体制と成果物
　・プロジェクト期間
　・主なステークホルダー

④ **Questionの作成**
　プロジェクトの状況を題材にして受講者に質問項目を整理してもらい，ディス
　カッションの準備とする。

出所：余語（2012）より筆者作成。

　（PMP®や企業内資格としての公式なプロジェクトマネジャー[2]）

Q2　（PMBOK®に整理された10の知識エリアに基づき—筆者加筆）最初にあなたは何をするか[3]

Q3　（PMBOK®に整理された10の知識エリアに基づき—筆者加筆）どのような問題があると考えられるか[4]

Q4　このプロジェクトのプロジェクトマネジャーとしてどのようなコントロールをするか

　筆者は自身がコンサルティング企業に長く勤務し，リサーチを主体とするプロジェクトの遂行に多く携わってきたが，この研修プログラムは極めて実

2　筆者の経験から補足。
3　筆者の経験から補足。
4　筆者の経験から補足。

践的であり，プロジェクトマネジャー育成に対し有効であると考える。ただ
し，この研修プログラムの欠点として以下の２点が指摘されている[5]。その第
一はこのモデルプロジェクトはプロジェクトマネジャー自身が責任を負うこ
とのないプロジェクトであり，当事者意識のない第三者的な視点から意見を
述べがちになることである。すなわち，実際のプロジェクト運営の場面のよ
うに高密度の緊張感のもとで行動を決断する状況を再現しにくいことである。

　また，第二はQuestionでは「PMBOK®の10の知識」を前提に考えるよう
になっていると考えられるが，そのうち「ステークホルダーマネジメント」
については，このような疑似体験の研修プログラムでは実際のところ，組込
むことが難しいことである。ちなみに，筆者のかつての勤務先では，大勢の
プロジェクトマネジャー，メンバーを前にして，現場のチームが上げてきた
「模範プロジェクト」を紹介し，それに対して大部屋でディスカッションす
る形の実践プロジェクトマネジャー研修があった。このやり方では，成功し
たプロジェクトしか取り上げられない。人は成功よりも失敗から多くを学ぶ
ものであるため，その研修効果はいかほどかと感じたものである。いずれに
せよ，プロジェクトマネジャーはプロジェクトの遂行期間中の様々な変動要
因に対応できることが求められ，そのための資質や能力を要求されている。
各社ともPMBOK®等国際標準で標語的に掲げられている能力を社員が実践
的に使えるようになるための取り組みがこのように行われているのである。

　ちなみに，オペレーションマネジャーの場合は安定的な環境を用意し，安
定的な業務の遂行を担保する能力が求められている。例えば，**図表14-2**のよ
うにオペレーションマネジャーの教育プログラムの事例を見ればそれがはっ
きりとわかる。**図表14-2**はある日系企業の中国工場における現地のオペレー
ションマネジャー育成のための教育プログラムの概要である。ここでは，決
められたメニューを外形的に受講したかどうかに力点が置かれており，プロ
ジェクトマネジャーの研修のように，様々な業務上のイレギュラー事態（ス
トーリー）の発生にどう柔軟に対応するかという視点での研修とはなってい

5　余語（2012）。

◆図表14-2◆オペレーションマネジャーの教育事例（製造現場の場合）

- ●教育方針：多段階，多技能，効率化を目指し，教育訓練と資格認定体系を継続的に充実
- ●教育目標：・多品種少量生産システムに適合する教育訓練計画の策定
  - ・充実した教育訓練計画の徹底
  - ・理論と実践を結びつける教育
  - ・最大限の教育効果の実現を目指す
- ●教育対象：班長，主任，高級主任
- ●担当講師：すべて現地人員の課長以上
- ●教育工程：1回2時間，月1回の定められた日に実施，12か月間
- ●教育内容：現場管理実践（22時間），および他社現場管理経験学習（状況次第の時間数）
- ●ペナルティ等：欠席の場合は事前許可必要。参加を断る者は降格
- ●具体的目標：社内管理教育プログラムに対する管理人員教育出席率90%
- ●行動計画：管理人員教育計画および目標，実施方法の作成
- ●成果目標管理：半期および年度末に目標管理と評価

出所：井関（2004）より筆者作成。

ない。あくまでも決められたルールと手順を正確かつ確実に実施するためのリーダーを育成するためのものとなっている。

2. プロジェクトマネジャーの評価と訓練の実践的課題

　人材を教育するには評価は必ず必要である。しかし，ともすると評価は人に優劣をつけるための作業として矮小化して考えられる場合がある。学校における入学試験や卒業試験であれば，こうした矮小化された意味をもつ評価でも事足りるかもしれない。しかし，プロジェクトの現場でこの矮小化された意味で評価を用いるのは重大な過ちである。心理学の見地からは評価には2つの側面があるという。

　「一つは人を統制するという側面である。そしてもう一つがそこでとった行動が良かったか，悪かったかの情報を与えるという面である。教師による評価が効力感を妨げるのはひとつには前者の側面が強くなりすぎるからである。評価に際しては，もっと後者の側面を重視した形が工夫されるべきであろう。自分の活動のどこが良く，どこが悪いのか，どこをどう改善すればよいのかがわかるようにすることは情報的側面の強い評価といえる。例えば『繰り上がりのある引き算ができるようになった』『不規則動詞の変化を時々間違えることがある』—このような情報に富む評価なら具合が良い[6]。」

　プロジェクトマネジャーの評価にもこのような情報に富むフィードバックが併記されるべきであろう。もちろん，完了したプロジェクトがどのような推移をたどったか，についてはプロジェクトマネジャーが「終結」プロセスの「教訓のまとめ」を主催しているのであるから，自分では十分にわかっているかもしれない。しかし，プロジェクトマネジャーも会社員であり，組織の評価を受ける立場であり，将来，より成長し，昇進したいと思っているであろう。この意味で管理者たる上位者からの人事評価はフィードバック付きのものでなければならない。単なる業績情報，すなわち，売り上げた（完了させた）プロジェクトの本数，それぞれの利益率等で紋切り型の評価だけに終わってしまうのであれば，それは統制型の評価であり，プロジェクトマネジャーを成長させることにはつながらない。

　また，プロジェクトマネジャーへの動機付けという観点からも問題がある。第1章でもプロジェクトマネジャー業務の苦労については述べたが，プロジェクトマネジャーは常に時間とコストのプレッシャーにさらされ，そのうえ，スポンサー等からの頻繁な変更要求を求められるのが常態化している。さらにチーム内で頻繁に起こるプロジェクトチーム内での「対立」を解決しなければならない。これに加えて，特にコンサルティング業界やIT業界等，外

6　波多野・稲垣（1999）より抜粋。

部のスポンサーからの様々なプロジェクトの受注によってビジネスを成り立たせている業界にあっては，一部のプロジェクトマネジャーは会社の経営責任，すなわち受注高や利益のノルマを押しつけられ，プロジェクト遂行中に優秀なプロジェクトマネジャーやメンバーの精神的不調，体調異常，甚だしい場合は退職，ということもまれではない。

　現在のようにプロジェクトの受注目標，利益目標，という側面だけに着目しがちな人事観ではプロフェッショナリズムに誇りをもつプロジェクトマネジャーを育成していくことは容易ではない。経営的利益だけで評価されると，プロジェクトマネジャーには自己研鑽する時間も精神的余裕もなくなる。そのため，疲弊し，しばしば，精神的エネルギーの減退にさいなまれる。

　精神的エネルギーの減退，すなわち無気力を解決するためのキーワードとして心理学の見地からは「効力感」があり，効力感は環境に能動的・持続的に働きかける傾向，と定義している。効力感は以下のような集団的な状況で生まれてくるという。

　　「仲間から必要とされているという確かな手ごたえ，これがただ単に無気力から回復させるのに寄与したというだけではない。生きる意味ともいえるべきものの形成につながっていったことがよく示されている。他者，特に自分の仲間からの応答やそれを支えている関心が，そして，仲間に「貢献し得る」という実感が，効力感の源泉としていかに重要かを物語っている。[7]」

　　「効力感の中心には自分に対する肯定的な見方がある。効力感をもつためには（自分のもっているプロフェッショナリズム―筆者）努力すればなんとか事態を（自分の目指すような形で―筆者）改善できそうだという見通しが前提になる[8]」

7　波多野・稲垣（1999）より抜粋。
8　波多野・稲垣（1999）より抜粋。

　プロジェクトマネジャーは知識も経験も積んだ人材のみがなれるプロフェッショナルである。企業にとってはいうまでもなく大切な人財である。であれば，利益や売り上げなどの経営的責任をプロジェクトマネジャーにだけ負わせるのではなく，そのもっているプロフェッショナリズムをプロジェクト成功のために集中させる環境を担保すべきであろう。プロジェクトを通じて「良い仕事」をしたかどうかの評価こそがプロジェクトマネジャーの効力感を増し，動機付けになり，よりプロジェクトマネジャーを育成することになるのではないであろうか。それが結果的に利益面でも企業に貢献することになるであろう。

【ケーススタディとポイント】（その6）

　長期間にわたる困難なプロジェクトが無事に完了し，プロジェクトは会社の利益に大きく貢献したことが認められ，会社はチームに100万円の報奨金を支給することになった。プロジェクトマネジャーはその配分を一任された。担当のワークパッケージ毎に収益分析をしたところ，8名の担当部分は黒字であったが，2名の担当部分は赤字であった。全体的にプロジェクトは黒字に終わったのはその赤字を他の8名のワークパッケージで黒字を出して，カバーしたからである。

ポイント

　プロジェクトマネジャーはそのボーナスを黒字担当者と自分だけに配分すべきなのか，それとも他の配分方法はあるのか。いくつかの案を考え，それぞれのメリット・デメリットを話し合ってみよう。

出所：筆者作成

第15章

国際化とプロジェクトスタッフの問題とは何か

1. プロジェクトマネジャー像の国際標準化

　プロジェクトマネジメント体系の世界標準化は個人の知識習得を明確にし，プロジェクトマネジャーの知識レベルを向上させることは疑いない。しかし，上記のようなプロジェクトマネジャーに求められる資質や人間性を言葉で表して，「このようになりなさい」ということにとどまっていては，実践的な意味はあまりないであろう。重要なのはそれをどのようにプロジェクトマネジャーやプロジェクトメンバーに身につけさせるかであり，方法論であろう。また，それを組織の中で運用するときに，それぞれの文化的背景や長所を踏まえた運用を忘れては，ならないであろう。なぜならば，プロジェクトに求められる成果物や使命はその都度，異なっているわけであるし，また，その構成員が抱えるバックグラウンドや所属組織，ひいては業種や国・地域により文化的背景が異なるからである。

　また，プロジェクトマネジャーやプロジェクトメンバーは個人として，1人ひとり異なる人格をもっており，また，プロジェクト業務に対してもっている期待も様々である。それぞれのパフォーマンス評価にもそうした状況に応じた留意がなされる必要がある。例えばプロジェクトマネジャーの評価に対しては外形的・定量的な業績だけではなく「良い仕事」をしたかどうかの評価が必要である。このことで効力感を増し，動機付けになり優れたプロジェクトマネジャーおよびメンバーが育成される。ここには理論や標準だけでなく，プロジェクトが実施されるそれぞれの現場の特性や背景を考慮することも必要であり，このことも実践的な課題として取り組まれる必要がある。

　本章ではまず,「プロジェクトマネジャー」の理想像について世界標準化が進んでいる中で, その代表的なスタンダードの概要を紹介する。第二に, そうした世界標準化の流れが日本のプロジェクトマネジャー教育へどのような影響を及ぼし得るのかについて洞察する。第三にプロジェクトマネジャーやプロジェクトメンバーの力を十分に発揮させるための業績評価のあり方について検討を加える。最後に国や地域によって異なっている文化的価値や特性を考慮に入れプロジェクトマネジャーのチーム運営に関わる研究例を紹介しつつ, その現場での実践的な課題・制約を提起する。

2.「優れたプロジェクトマネジャー像」をめぐる議論

　「プロジェクトマネジャー」の標準化の動向について述べると, 米国プロジェクトマネジメント協会 (PMI®) をはじめとして欧州, 日本などでもプロジェクトマネジメントの知識の体系化と紹介・普及が行われ, 様々なビジネス分野の現場でもその活用や応用が図られてきていることをまず指摘する必要があろう。欧米の代表的なプロジェクトマネジャー基準で記載されたコンピテンシー (能力, 技能) 項目を**図表15-1**のように比較してまとめることができる[1]。PMBOK®はすでに本書でも述べてきたように, 世界で最も著名なPMI®のプロジェクトマネジャー基準であり, 世界的にも最も普及している。ICBはスイスに本部を有するIPMA (International Project Management Association) のプロジェクトマネジャー基準であり, APMBOKは英国プロジェクトマネジメント協会のAPM (Association for Project Management) が制定したプロジェクトマネジャー基準である。

　いずれも, リーダーシップ, コミュニケーション, 動機付け, チームワーク等人的資源マネジメント関係のコンピテンシーを重視している。特徴的で

1　関口・田島 (2010)。

◆図表15-1◆欧米主要プロジェクトマネジャー標準で記載されたコンピテンシー項目

ICB	APMBOK	PMBOK®
リーダーシップ Leadership	コミュニケーション Communication	リーダーシップ Leadership
関与と動機付け Engagement and Motivation	チームワーク Teamwork	チーム形成活動 Team Building
自己統制 Self-control	リーダーシップ Leadership	動機付け Motivation
自己主張 Assertiveness	対立マネジメント Conflict Management	コミュニケーション Communication
リラクゼーション Relaxation	ネゴシエーション Negotiation	影響力 Influencing
開放性 Openness	人的資源マネジメント Human Resource Management	意思決定 Decision Making
創造性 Creativity	行動特性 Behavioral Characteristics	政治的風土と文化に対する認識 Political and Cultural Awareness
結果志向 Results Orientation	学習と進歩 Learning and Development	交渉 Negotiation
効率性 Efficiency	プロフェッショナリズムと倫理 Professionalism and Ethics	
コンサルテーション Consultation		
交渉 Negotiation		
対立と危機 Conflict and Crisis		
信頼性 Reliability		
価値意識 Values Appreciation		
倫理 Ethics		

出所：関口・田島（2010）より筆者作成。

あるのはICBがプロジェクトマネジャーの気質であるところの「開放性」,「創造性」,「対立と危機」に言及しているのに対して, PMBOK®は国際化を反映して「政治的風土と文化に対する認識」という項目をわざわざ入れている。これは国によって倫理基準が異なることにより, 利害相反や不正の基準が異なり, その場面, 場面で「何が正しい行動か」ということを問われることに対する明確な基準をもつように促しているものだと筆者は考える。その意味ではICBの「倫理」, APMBOKの「プロフェッショナリズムと倫理」に相当するともいえよう。研究者はこの３つの体系化について, それぞれの特徴を次のようにまとめる。

　「(米国の) PMBOKが知識とプロセスをベースとした体系になっているのに対し, ICBはプロジェクトマネジャーのコンピテンシーの標準であり, 各国の資格認定の水準を統一する目的でまとめられている。(中略) (英国のAPMBOKは) ７つのセクションと52のトピックスに分類された知識体系である。(中略) このように体系的・実践的に記述されたAPMBOKによって, プロジェクトマネジャーの知見の広がりをサポートする位置づけとなっている」[2]。

　こうした先進国が独自に確立してきたプロジェクトマネジャー標準はいわば, グローバルなビジネスが進行する中でのデファクトスタンダード (事実上の共通の標準) になっているわけである。さらに今後の世界の潮流として, ISO (国際標準化機構) の場でプロジェクトマネジメントの国際規格 (ISO21500) の制定が進められている中で, 世界統一基準のプロジェクトマネジメント知識体系が生み出されていくことが展望される。

2　関口・田島 (2010, pp.27-30)。

3. プロジェクトマネジャー像の国際標準化と 日本のビジネス現場

　ビジネスのグローバル化により，国境を越えたプロジェクトを，国境を越えたステークホルダーと手に手を携えて実施していくという将来を展望するとき，プロジェクトマネジメントの国際標準化はビジネス界にとって，概ね望ましいとはいえる。特に異なる文化的背景と母語をもつプロジェクトチームの中でのコミュニケーションギャップのリスクを減らすことにつながる。なぜなら共通の知識体系で話すときコミュニケーションが円滑になりより深く理解し合える可能性が増えると考えられるからである。しかし，暗黙知でビジネスを進めてきた日本のビジネス文化の中では国際標準化されたプロジェクトマネジメントの知識体系を身につけることは必要ではあるものの，それだけでは十分ではないであろう。

　暗黙知は形式化されたといっても，日本はまだまだ，「あうん」の呼吸で動いており，個別の最適解を求める欧米流の細分化された業務体系で物事を進める社会にはなっていない。担当分野はしばしば曖昧であり，それゆえにメリハリのある人事評価ができないと日本以外の国々からは揶揄されてきた。しかし，そのようになっていないからこそ，日本のビジネスにおいては依然として競争力をもっている部分があることを忘れてはいけない。競争が強調される文脈では，人々は結果志向的になる。いうまでもなく，個人評価としての「結果」である。そうした「結果」を出すためには策をめぐらし，自分個人にとってもっとも有利なプロジェクトやその中の担当業務を選別することが必要になる。チーム全体の利益を最優先したり，同僚とwin-winを図るなどはもってのほかとなる。このような競争は基本的に「短期志向」になる。日本のビジネス界においてもバブル崩壊の影響が長引いた1990年代後半から2000年代前半において，それまでの「日本的経営」への自信を失った経営者，特に大企業の経営者の中には，「社員がもつ日本的甘えの構造を是正するため」との美名を掲げて米国流の「個人別成果主義」を表面的に導入した人々がい

た。社員に目に見える短期的成果を求めるような競争志向型行動を迫り，社内の「縁の下の力持ち」的な人材の居場所を絶滅させ，すぐには成果が出ないが長い目で見れば会社の競争力向上に寄与する長期志向の努力を否定した。そのため競争指向型を一時華々しく導入した業界では多くの優秀な人材が海外に流出した。その結果日本の企業は競争力をつけただろうか。むしろ，アジア諸国にも追いつかれようとしている。特に総合電機メーカーの分野ではサムスン電子など韓国メーカーに「全敗」したともいわれている。台湾メーカーや中国メーカーも着々と追いついている。

　1990年代初頭までの「ジャパンアズNo.1」ブームは経営者のおごりにもつながり，決して良いモデルではないが，それ以前から連綿として定着していた現場のチームの暗黙知文化と業務の助け合い文化を全く捨て去ることは，すなわち日本の競争力を捨て去ることになったといえないであろうか。日本のビジネス現場の暗黙知文化と現場の助け合い文化は極めて内発的であり，自発的であった。であるからこそ，チームの中のリーダーとメンバー，メンバー間に「同志的紐帯と信頼感」があり，製品においては良い品質，働くものにとっては他者に対する貢献の喜びとモチベーションをもたらした。これが日本のもの作りを中心としたビジネスをかつて世界最高レベルに押し上げた主要な要因であると筆者は信じている。

　欧米流の個人別の業績評価などの結果志向型の極端に成果主義的な人事評価は日本という特殊な文化的文脈では副作用ばかりが多く「長期的」な失敗志向のシステムになってしまっていると筆者は考える。

　プロジェクトマネジメント体系の国際標準化は個人の知識習得を明確にし，プロジェクトマネジャーの知識レベルを向上させることは疑いない。しかし，それを組織の中で運用するときに，それぞれの文化的背景や数値や金額に現れない価値を尊重した運用を忘れてはならないであろう。数値化により可視化し，経営管理を行うマネジャーの育成方法としては米国型のMBA教育がある。かつてMBA（経営管理修士）をとりさえすれば，「ビジネスエリート」としてキャリアアップとなり，他社からの引き抜きなども来て，高待遇を獲

得できる，と信じられた時代があった。多くの若い日本のビジネスパーソン
が欧米やその後，組織派遣や個人負担で内外の著名なビジネススクールに通
い，MBAを取得し，そうしたある種の個人的な利益を夢見た。伝統的な日
本の大学のビジネス教育と比べてその実践性，有用性には優れたものがあり，
筆者自身の経験からも，その価値を全く否定するものではない。しかし，そ
の延長線上に短期的な個人的成果主義があったのであれば，立ち止まって考
えざるを得ない。同様に，国際標準となりつつあるプロジェクトマネジメン
トの知識体系を学ぶことは意味はあり，素晴らしいことであると思う一方で，
日本的な文化背景とその特性を踏まえたプロジェクトマネジャー育成の実践
を欠いたままでは，過去の日本ビジネスの失敗を繰り返すことになるのでは
ないかと懸念される。

4. プロジェクトチームの組織文化を踏まえた プロジェクトマネジャーのあり方

　いうまでもなく，プロジェクトチームを構成するのは人である。人の思考
様式，行動様式はそれぞれの業種やそれぞれの国の暗黙のしきたりやルール，
すなわち文化の影響を受ける。したがって，様々な業種，様々な国で行われ
るプロジェクトチームにおけるプロジェクトマネジャーやプロジェクトチー
ムの育成にあたってはそれらの要素を考慮に入れる必要がある。
　永谷は社会的・組織・文化の影響とチームのあり方を分析するにあたって
2つの軸を提起した。1つは「管理軸」であり，今ひとつは「ヒューマン軸」
である[3]。
　「ヒューマン軸」はチームの雰囲気を良くし，チーム力を高めで管理力を
最大限に発揮するためのリーダーシップ，モチベーションマネジメント，コ
ンフリクトマネジメントによって，プロジェクトの中核的なステークホルダ

3　永谷（2014）。

ーであるチーム（プロジェクトマネジャー，プロジェクトメンバー）の成長，達成感，満足を促進する力である。この2つの軸を縦軸と横軸として，チームを4つの文化をそれぞれもつ集団として類型化し，示したのが**図表15-2**である。

孤立したストリートミュージシャンやコラボレーションされたジャズ・ジャム・セッションは管理軸の弱いチームであり，そもそも実践的にはプロジェクトチームたり得ないため，4類型のうち，プロジェクトマネジメントに即したチームとしてオーケストラ型チーム，雅楽型チームに焦点を当てている。なお，それぞれのチームの特徴は**図表15-3**のように規定されている[4]。

このうえで成果物を効率的効果的にアウトプットするだけのプロジェクトチーム，すなわち管理軸だけの組織では不十分で，チームメンバーの達成感や満足度を満たすものでなければならないとする[5]。すなわち，**図表15-3**の2つの類型のうち，雅楽型チームが適していることとなる。なぜなら永谷によ

◆図表15-2◆　4つの演奏家チーム

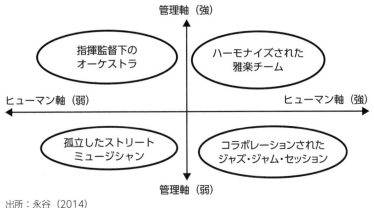

出所：永谷（2014）

4　永谷（2014）。
5　永谷（2014）。

れば「メンバーの総合的な満足度が組織のプロジェクトマネジメント成熟度を向上させ，結果的に企業のプロジェクトマネジメント体制の強固な体制を築く」，「1つのプロジェクトを単発的に成功させるのではなく，継続的にプロジェクトの成功率を高める企業のプロジェクトマネジメントの基盤構築こそが，その後のプロジェクトの成功率を高め，企業の継続的発展につながる」からである。このような主張は日本の文化的背景や日本的な組織内の知，いわゆる暗黙知を活かした組織への再評価であり，日本のプロジェクトマネジャー教育にも新たな展望を示しているといえよう。

　ただし，筆者はこのアプローチを活用する場合，制約があることも忘れてはならないと考える。それは企業内に組成されるプロジェクトチームのパターンによって，メンバーの親密度が異なり，雅楽型チームのようなプロジェクトチームを組成する際にはその相違を考慮に入れなければならないということである。

　PMBOK®によると企業のプロジェクトチームの構築は3つのタイプに分けられる。1つ目は定常的な業務を実施する機能的組織の中に構築される「機

◆図表15-3◆オーケストラ型チーム文化と雅楽型チーム文化の定義

オーケストラ型チーム文化
　管理的要素のほうがヒューマン的要素よりも強いチーム。
　欧米のプロジェクト組織はオーケストラ型組織に近い。1人の指揮者をたて，それにしたがって，全員が演奏するピラミッド型組織である。オーケストラ型組織ではメンバーの役割分担・権限が明示的に定義され，行動規範にさまざまなルールが課せられる。

雅楽型チーム文化
　雅楽型チームは個人の活動の範囲を柔軟に定める「和」を重視するチーム。お互いの動きを察し，ハーモニーを生むチーム。日本の企業のQCサークルや改善運動に見られ，1人のリーダーシップの指揮監督でうごくのではなく，各人がリーダーとしての自覚をもち，自ら行動する。

出所：永谷（2014）

能型プロジェクトチーム」である。2つ目は企業内の各部門から横断的に適任者を指名し，チームを構築する「マトリックス組織型プロジェクトチーム」である。最後は外部から発注を受けて実施するためにチームを常に構築しておくタイプ，すなわち，「プロジェクト型プロジェクトチーム」である（第8章p.81参照）。

　機能型やプロジェクト型は常日頃，顔を合わせて業務を遂行しているため，お互いの人となりを理解している。すなわち「気心が知れている」ため，「和」を重視する雅楽型チーム文化は育ちやすい。この組織ではお互いの動きを察し，ハーモニーを生むことができる可能性は高い。逆にいえば，雅楽型チーム文化はマトリックス型には育ちにくい。なぜならば，マトリックス型チームは，その都度機能組織の枠組を越えて，最適者をチームメンバーとして選任するため，「以心伝心」のスムーズなコミュニケーションを可能にするのが比較的困難である。また，マトリックス組織ではチームメンバーはそれぞれが属する機能組織のメンバーでもあるという「兼務状態」であるため，機能組織のマネジャー（ラインマネジャー）の影響が強い。期限付きで召集されたチームのマネジャー，すなわち，プロジェクトマネジャーよりも恒常的に所属しているラインマネジャーの方の影響を受けやすいし，会社員としての業績評価や社内職位，資格への昇進はラインマネジャーによって行われる。このように絶えずラインマネジャーからの介入や影響にさらされており，このため，マトリックス型プロジェクトチームにおける「雅楽型チーム化」は，他の機能型プロジェクトチームやプロジェクト型プロジェクトチームよりコミュニケーションが困難になる。これは筆者の職務経験上でも実感したことである。マトリックス型プロジェクトチームを「雅楽型チーム化」しようとするならば，そのプロジェクト期間だけ，機能組織の職務から外し，プロジェクト職務に専念させる必要があろう。さらに，スポーツチームのように一定期間，合宿して，「以心伝心」が確立する関係を構築する必要があるかもしれない。

　知識体系の部分において，国際標準化は有効であり，その知識を活用して

プロジェクトの成功確率を向上させることになろうと思われる。他方，人間としてのプロジェクトマネジャーのあるべき論を標準化することは非現実的であることは否めない。また，国際標準化されようとしているプロジェクトマネジャーの「あるべき姿」はモザイク的に提唱されていて，資質が有機的に統合化されておらず抽象的である。現場での実践的な教育方法に対する示唆を欠いているともいえよう。

　つまり，プロジェクトマネジャーのあるべき姿を論ずる際には「実践的にどうするか」という問題点を検討しなければ所詮「絵に描いた餅」になってしまう。重要なのはその教育方法である。またプロジェクトマネジャーもこの一員であるところのプロジェクトチームの文化的な要素とプロジェクトマネジャーの心理的な要素への考慮も必要である。文化や働く環境により心理的態様は異なるので，この2つの要素は相互依存的であり，複雑でもある。この論点を是とするならば，日本のプロジェクトマネジメントにおける人間としてのプロジェクトマネジャー像は当然，欧米諸国のプロジェクトマネジャー像と異なるべきであろうし，また，業種が異なれば目指すべきプロジェクトマネジャー像も異なって当然であろう。

　プロジェクトマネジャーの育成に資する実際の取り組みや関連する分野の視点を踏まえつつ，日本における有効な実践的プロジェクトマネジャー教育の方向性を考えていくことが重要である。

【ケーススタディとポイント】（その7）

　プロジェクトマネジャーを勤めるあなたのプロジェクトは国外にも拠点があり，メンバーにも外国人メンバーが含まれている。文化的，宗教的な相違によりコミュニケーションや合意形成に支障が生じるリスクを軽減するためにはプロジェクトマネジャーとしてあなたはどのような方針でメンバー全員に臨むべきか。

ポイント

　キックオフミーティングや中間ミーティングなどで，メンバーのお互いの国の文化，習慣をメンバー全員に紹介し，理解させる。あるいは世界標準化されたプロジェクトマネジメント知識体系に沿って行動することを全員に求める。あるいは各人はすでにプロフェッショナルなので何もしない，などの対応が考えられる。それぞれのメリット，デメリットを考えてみよう。

出所：筆者作成

第Ⅵ部のまとめ

- プロジェクトマネジャーに求められる資質は「成果を求める強い意志」,「戦略的思考」,「顧客志向」等である。また, 人間性の具体的な中身として「優れた人格」,「リーダーシップ」,「統率力」が必要とされる。この他に「理解力」として相手の立場に立って考えること, わかりやすく伝えること, 幅広い視野, 考え抜く力が求められる。

- プロジェクトマネジャーの研修ではプロジェクトの遂行期間中の様々な変動要因に対応できることが求められ, そのための資質や能力を涵養する取り組みがなされている。

- プロジェクトマネジャーの評価に対しては経営指標の業績だけではなくプロフェッショナルとして「良い仕事」をしたかどうかの評価が必要である。このことで効力感を増し, 動機付けになり優れたプロジェクトマネジャーが育成される。

- 先進国が独自に確立してきたプロジェクトマネジメント標準はいわば, グローバルなビジネスが進行する中でのデファクトスタンダード（事実上の共通の標準）になって来ている。さらに今後の世界の潮流として, ISOの場でプロジェクトマネジメントの国際規格（ISO21500）の制定が進められている中で, 世界統一基準のプロジェクトマネジメント知識体系が生み出されていくことが展望されている。

- プロジェクトマネジメントの世界標準化は個人の知識習得を明確にし, プロジェクトマネジャーの知識レベルを向上させることは疑いない。しかし, それを組織の中で運用するときに, それぞれの文化的背景や長所を踏まえた運用を忘れては, ならないであろう。

- 日本人がもつチーム内の暗黙知や内発的な協力文化を捨て去って表面的に世界標準のプロジェクトマネジメントを受容するのであれば, 日本のプロジェクトマネジメントの強みを失うことにもなりかねない。

あとがき

　私は大学で教育に携わる前は独立行政法人やコンサルタント会社でプロジェクトに携わってきました。プロジェクトには期限がありますので，いつも期限に追われ長い残業が日常化していました。ある時，会社から「プロジェクトマネジメント」を学び，資格を取るように指示を受けました。それが，本書の文中でも紹介しているPMI®の資格PMP®です。少しでも，この知識を使って残業が減りプライベートな時間が増えればよいと私は考えましたが，当時はまだ仕事のテクニックの1つに過ぎないという感覚でした。

　しかし，大学で教鞭を執るようになってから，このプロジェクトマネジメントの知識と考え方はこれから社会に出ようとする若い人たちにとっては働き方の1つの重要なベンチマークになり得るのではないかと感じるようになりました。社会で「どのように働けばよいのか」という問題は高校生，大学生が誰しも悩む大きな問題です。働き方の考え方において，何らかのベンチマークがなければ，組織の中での働き方に確信や自信を持てなくなります。そして常に不安のなかで充実感もなく日々業務をこなしていかなければならなくなるかもしれません。若い人たちが，将来自分の働き方のスタイルを確立し，自信を持って働くためにも，学生時代に働き方のベンチマークとしてのプロジェクトマネジメントの知識体系と考え方に触れておいたほうがよいのではないかと思うようになったのです。

　折りしも「新型コロナによるパンデミック」で将来，どのような働き方をしたらよいのか，という問題はこれまでにも増して不透明になってきました。そこで大学の学部学生が理解しやすいように，これまでの講義録を研究ノートや論文の形で読み物としてまとめて授業に使うようになりました。

　そうした折にこのたび，同文舘出版株式会社殿より，それらの内容をさらに充実させて1冊のテキストとするお話を頂き，単行本として出版の運びとなったことは大変嬉しく思います。出版の企画を受け入れていただき，編集の過程で貴重なアドバイスとチェックをしていただいた同社編集局の青柳裕

之様，大関温子様にこころより感謝申し上げます。本書の内容に不明瞭な点や至らないところがあるとすればそれは著者の責任です。読者の皆様からご意見をいただければ幸甚です。

2021年6月

著者　小林　守

参考文献

Kerridge, A.E. and C.H. VerValin (1986) *Engineering & Construction Project Management*, Gulf Piublishing Company, USA.

HBR Guide to Project Management (2013) Harvard Business Review Press.

Hellriegel, D., J.W. Slocm and R.W. Woodman (1986) *Organizational Behavior, Fourth Edition*, West Publishing Company, USA.

Pinto, J.K. (2013) *Project Management-Achieving Competitive Advantage*, Third Edition, Peason, USA.

Sanghera, P. (2006) *PMP® In Depth, Project Management Professional Study Guide for PMP® and CAMP® Exams*, Course Technology, USA.

Stewart, R. (1967) *Managers and their jobs*, Pan Books Ltkobayashi d., U.K.

Frank T. Anbari編, アイテック教育研究開発部監訳 (2014)『PMBOK®問題集』.

井関稔編 (2004)『中国進出企業の工場管理実務・実例集』日本能率協会マネジメントセンター.

エリヤフ・ゴールドラット著, 三本木亮訳, 稲垣公夫解説 (2001)『ゴール』ダイヤモンド社.

エリヤフ・ゴールドラット著, 三本木亮訳, 津曲公二解説 (2003)『クリティカルチェーン』ダイヤモンド社.

遠藤健児, 千住鎮雄, 並木高矣, 村松林太郎編 (1968)『経営工学用語辞典』日刊工業新聞社.

波多野誼余夫, 稲垣佳世子 (1999)『無気力の心理学』中央公論新社.

加藤昭吉 (1965)『計画の科学―どこでも使えるPERT・CPM』講談社.

ジャン・C・フィルー著, 村上仁訳 (1975)『精神力とは何か―心的緊張力とその背景―』白水社.

王樹文 (2015)『PMP通関宝典』機械工業出版社.

金子則彦 (2012)『プロジェクトマネジャー完全教本 (2012年版)』日本経済新聞出版社.

具志堅融, 葛西澄男 (2017)『ポケットスタディプロジェクトマネジャー (第2版)』秀和システム.

関口明彦，田島彰二「PMの今」関哲朗編（2010）「すぐわかるプロジェクトマネジメント」所収，日本規格協会.

小林守（2011）評価「ミンダナオコンテナ埠頭建設事業」『平成21年度円借款事後評価報告書（フィリピンII)』所収，国際協力機構委託，株式会社三菱総合研究所／専修大学受託.

小林守（2020a）「学部学生教育のためのプロジェクトマネジメントの基礎知識と実践的課題—スコープ，タイム，コスト，品質をめぐって—」『専修大学商学研究所所報』Vo.52，No.1.

小林守（2020b）「学部学生のためのプロジェクトマネジメントにおけるコミュニケーションと実践的課題—ステークホルダーとチームデベロップメントの関連から—」『専修大学社会科学月報』No.688.

小林守（2021a）「プロジェクトマネジメントにおけるリスクと調達—ステークホルダーとしての発注者と受注者の観点から—」『専修大学商学論集』112号.

小林守（2021b）「プロジェクトの利益パフォーマンス評価と実践的課題—評価視角の整理と変更要求管理からの示唆」『専修大学社会科学年報』第55号.

小林守（2021c）「プロジェクトマネジャーの育成と実践的課題—『優れたプロジェクトマネジャー像』の国際標準化と現場への適用—」『専修ビジネス・レビュー』Vol.16, No.1.

柴田昌治（2015）『なぜ社員はやる気をなくしているのか—働きがいを生むスポンサーシップ—』日本経済新聞出版社.

鈴木安而（2014）『よくわかるPMBOK®第5版の基本』秀和システム.

鈴木安而（2015）『よくわかる最新プロジェクトマネジメントの基本と要点』秀和システム.

関口明彦，田島彰二（2010）「PMの今」関哲朗編『すぐわかるプロジェクトマネジメント』所収，日本規格協会.

トーマス・コーベット著，佐々木敏雄訳（2017）『TOCスループット会計』ダイヤモンド社.

富永章（2017）『パーソナルプロジェクトマネジメント（増補改訂版)』日経BP社.

長尾清一（2003）『先制型プロジェクトマネジメント』ダイヤモンド社.

中島秀隆，中憲治（2009）『通勤大学図解PMコース①プロジェクトマネジメント理論

　編』総合法令出版.

中島秀隆, 中憲治（2010）『通勤大学図解PMコース②プロジェクトマネジメント実践
　編』総合法令出版.

永谷裕子（2014）「人と組織の価値を創造するチーム・ビルディング―社会・文化的
　な暗黙知をマネジメントするフロネシスPM的アプローチ―」Journal of the Society
　of Project Management, Vol.16, No.1.

日本プロジェクトマネジメント協会編著（2014）『改訂3版P2Mプログラム＆プロジ
　ェクトマネジメント標準ガイドブック』日本能率協会マネジメントセンター.

富士通株式会社PMコミュニティ「実践的PM力向上のための問題集検討」WG編
　（2016）『プロジェクトマネジャーの決断―富士通の現場から』.

『プロジェクトマネジメントマガジン』（2005）Vol.3, 翔泳社.

余語浩一（2012）「PM育成のための実践的構築について―PM育成のための一考察―」
　Journal of the Society of Project Management, Vol.14, No.2.

索　引

【著者紹介】

小林 守（こばやし まもる）（第Ⅰ部〜第Ⅳ部　および　コラム１担当）

専修大学商学部教授，同大学院商学研究科長・教授，創価大学および中央大学兼任講師
プロジェクトマネジメント，Project Management（英語講義），アジア経営論，国際経営論等を担当。海外では香港城市大学にて兼任講師を務めた経験もある。海外経済協力機関やシンクタンク勤務を経て大学教員となる。経済協力プロジェクト（円借款プロジェクト），海外市場調査プロジェクトを通じてアジアを中心に36か国でプロジェクト活動を行ってきた。MBA，PMP（2005年〜2011年）

主な著書に「中国ビジネス・戦略発想ノート」（共著，PHP研究所，2004年），「アジアの投資環境・企業・産業―現状と展望―」（編著，白桃書房，2013年），「現代国際経営要論」（共著，創成社，2019年），「ビジネスにおける異文化リスクのマネジメント―アジアの事例を中心に―」（共著，白桃書房，2021年）。最近の主な論文に「プロジェクトマネジメントにおけるリスクと調達―ステークホルダーとしての発注者と受注者の観点から―」（専修商学論集，2020年），「プロジェクトマネジャーの育成と実践的課題―『優れたプロジェクトマネジャー像』の国際標準化と現場への適用―」（専修大学商学研究所，2021年），「プロジェクトの利益パフォーマンス評価と実践的課題―評価視角の整理と変更要求管理からの示唆―」（専修大学社会科学研究所，2021年）等がある。

小林 慧（こばやし さとる）（コラム２，３，４担当）

国内旅行業務取扱管理者。
これまで日本全国のみならず，香港や台湾の他，チベット自治区や新疆ウイグル自治区など中国本土各地，韓国，フィリピン，インドネシア，マレーシア，カンボジア，ベトナム，シンガポール，タイなどを訪問。特に学生時代の台湾大学への交換留学，香港大学への語学研修の経験から，中華圏へのインフラや観光に関心を持ち，北京語や広東語を活かして大学研究者の現地市場調査サポート等を行ってきた。

2021年6月30日　　初版発行　　　　　　　略称：なんとかする力

なんとかする力
＝プロジェクトマネジメントを学ぶ
―変化に対応して目標を達成するためのビジネススキル―

著　者　ⓒ小　林　　　守

発行者　中　島　治　久

発行所　**同文舘出版株式会社**

東京都千代田区神田神保町1-41　　　　　　　　　〒101-0051
電話　営業(03)3294-1801　　　　　　　　　編集(03)3294-1803
振替 00100-8-42935　　　　　　　　　http://www.dobunkan.co.jp

Printed in Japan 2021　　　　　　　　　　　製版：一企画
印刷・製本：萩原印刷

ISBN978-4-495-39049-5